NORBERT-BERTRAND BARBE

ADVERSUS MENDACES

*

Anthropologie du Mensonge
Et inefficacité de la Société Humaine

ISBN: 978-2-35424-183-4

Collection "*Indispensables*"

ISSN: 2114-7272

SOMMAIRE

Révision littéraire des mensonges
d'après deux articles de Raymond Jamous et Gérard Lenclud

"Tout le monde nie toujours avoir mal oeuvré. "Je ne l'ai pas fait, je ne l'ai pas fait, je ne l'ai pas fait"... Jusqu'à ce que les faits et les circonstances sont tellement évidents qu'ils ne peuvent plus continuer à mentir. Présidents, fonctionnaires, entrepreneurs, médecins... Même moniteurs de boyscouts et entraîneurs de ligues infantiles, pour l'amour de Dieu. Quand à la fin ils se voient obligés à dire la vérité, ils espèrent que tout le monde comprenne qu'ils se sont vus obligés à mentir, comme si c'était correct de mentir jusqu'à ce que tu sois tellement attrapé que tu ne peux plus continuer à le faire." (John Katzenbach, *El Psicoanalista*, Barcelone, Zeta, 2014, p. 122, la traduction est nôtre)

"Les Magistrats disposent de pouvoirs considérables sur la vie descitoyens mais, sous prétexte de leur indépendance nécessaire, c'est la seule profession n'ayant pas à rendre compte de ses décisions.
Il n'est pas étonnant, dans ces conditions, qu'il y ait des erreurs, beaucoup plus nombreuses que ne le croient ceux qui n'ont jamais eu à faire à la justice.
Les erreurs judiciaires des Magistrats sont parfois corrigées avec lesrecours judiciaires prévus.
Les fautes disciplinaires des Magistrats, notamment leurs fautes professionnelles lourdes (omissions ou erreurs d'interprétations des faits ou de la loi tellement graves qu'elles n'auraient pas dû échapper à leurs auteurs) ne sont jamais sanctionnées, privilège qu'ils sont les seuls à détenir.

Les Magistrats qui contrôlent d'autres Magistrats ont d'abord le souci de la préservation de l'image de la justice, souci qui coïncide heureusement avec celui de leur solidarité corporatiste, ...

Les victimes de la justice ne peuvent pas attaquer les Magistrats. Elles doivent d'abord attaquer l'Etat, ce qu'elles ne font pratiquement jamais.

D'ailleurs, en cas de condamnation de l'Etat et alors que ce dernier peut se retourner contre les Magistrats, il n'a jamais exercé ce pouvoir."
(http://www.observatoire-justice.fr/pourquoi_erreurs_judiciaires)

Le présent travail prétend se reporter aux attributs du mensonge définis dans deux articles, le second en réponse au premier, respectivement de Raymond Jamous[1] (1993) et de Gérard Lenclud[2] (1999), articles qui abordent l'aspect sociologique du mensonge, auquel nous voulons opposer, par la voie ouverte à nous par l'article de M. Lenclud, une approche littéraire, qui, pensons-nous, révélera valeurs et dialectiques non totalement perçues par les deux auteurs dont les textes sont à l'origine de celui-ci. On le voit donc, il s'agira d'une orientation interdisciplinaire, avec ce que cela représente de risques et de tensions analytiques et exégétiques.

D'un point de vue méthodologique, notamment, nous prétendons démontrer que, contrairement au postulat de ces auteurs, le fait qu'il y ait mensonge ou tromperie n'implique pas obligatoirement qu'il y ait morale. Dit autrement, ce n'est pas parce que le mensonge existe que cela lui donne une valeur positive de développement pour la société. C'est un phénomène concommitant, mais rien *a priori* ne permet de déduire, comme ils le font,

---

[1]Raymond Jamous, "*Mensonge, violence et silence dans le monde méditerranéen*", *Terrain*, 1993, n° 21, pp. 97-110

[2]Gérard Lenclud, "*Mensonge et vérité. À propos d'un article de Raymond Jamous*", *Ateliers d'Anthropologie*, Laboratoire d'Ethnologie et de Sociologie Comparative, 1999, No 33, http://ateliers.revues.org/8201?lang=en Texte dont M. Lenclud reprendra les trois points fondamentaux: caractère langagier du mensonge, par conséquent réflexif de celui-ci chez l'homme selon l'auteur, référence aux primates comme contrepoint de la démonstration, et relation entre le mensonge et la fiction, dans l'article intitulé: "*L'acte de mentir*", *Terrain*, 2/2011, No 57, pp. 4-19, cette fois paru, comme celui, antérieur, de M. Jamous, dans la même revue.

qu'il s'agit d'un point d'assise de l'évolution. Notre point de vue est qu'au contraire, c'est un processus de réticence au progrès. Comme nous pensons le démontrer, mais dès à présent l'on peut en citer deux exemples concrets: les rejets et les procès contre Galilée et Darwin.

De la même manière, par conséquent, dans l'organisation sociale, qui est au centre des préoccupations de MM. Jamous et Lenclud, l'existence du mensonge dans la société, qui lui attribue donc une fonction (par le fait même d'exister), ne lui donne pas, encore une fois, par là même, *per se* et *post hoc*, une valeur positive dans le développement humain du groupe.

Très concrètement, et, par exemple seulement (nous voulons dire, en insistant sur cela, que l'exemple n'est qu'un parmi tant d'autres que, nous en sommes convaincu, le lecteur saura trouver par lui-même), quel est l'intérêt, pour la société, de ne pas faire les choses bien? On le voit avec le décongélement de la calotte glaciaire, qui provoque un nouveau réchauffement (puisqu'alors que le blanc polaire reflétait les rayons solaires, la neige grise, preuve de la fonte des glaces, et qui en est la conséquence, a tendance, au contraire, à l'absorber), non par méconnaissance, mais par auto-complaisance *dans le mensonge* (collectif, par convenance, omission, etc.).

Là où le mensonge sert à l'individu, encore une fois, il ne peut que retarder le groupe. L'exemple politique est le plus flagrant en cela, quand le bien individuel s'oppose au bien collectif.

Or la valorisation même de Richard III par les universitaires contemporains révèle cette curieuse position d'acceptation passive du mensonge, de la tromperie et de la mauvaise action comme un élément constitutif et nécessaire de l'âme humaine:

"*Il ne fait aucun doute que dans cette image* (négative de Richard III) *il y a une partie d'exagération théâtrale. Le caractère violent et violent et implacable de Richard n'était pas une exception dans l'Angleterre du XVème siècle. De fait, ces traits étaient indispensables pour survivre dans une ambiance de conspirations et de guerres entre les factions de la noblesse anglaise."*[3]

1. LE MENSONGE COMME PHÉNOMÈNE NON LANGAGIER

Nous disions que l'article de M. Lenclud nous permet ce saut méthodologique. La raison en est qu'il pose, dans sa dernière partie, intitulée *"Mensonge et fiction"*, explicitement ainsi son intérêt pour le mensonge entendu, pour le dire en termes wildiens, comme l'un des beaux arts:

"24Cette zone est constituée, en grande partie, par ce que nous appelons la fiction. Comme le mensonge, la fiction se distingue de l'erreur en ce qu'elle est volontaire. Mais, à la différence du mensonge, la fiction ne vise pas, à proprement parler, à tromper. Personne, ici du moins, n'irait dire que l'Iliade est un mensonge ou la Bérénice de Racine une tromperie, que Stendhal ment en décrivant la bataille de Waterloo vue par les yeux de Fabrice del Dongo ou encore que Daumier voulait sciemment induire en erreur en raillant Louis-Philippe par l'intermédiaire de son Gargantua (Louis-Philippe vit du vrai dans le faux et Daumier passa six mois en prison)."

Il s'intéresse donc directement, et spécifiquement, aux oeuvres littéraires comme expression d'une transcendance esthétique du mensonge.

L'autre pôle d'intérêt de l'article de M. Lenclud, comme point de départ de notre réflexion, est qu'il affirme l'intrinsèque relation entre le mensonge et le langage (ce qui rentre donc aussi bien dans le champ de l'éthologie et de l'anthropologie comme de l'analyse lingüistique et littéraire), autrement dit il considère le mensonge comme un acte de langage:

"12La première question que l'on peut se poser à propos du mensonge est la suivante: pourquoi donc attire-t-il la curiosité scientifique? C'est, évidemment, parce qu'il a partie

---

[3] Michael Alpert, Université de Westminster, "*Ricardo III, un tirano en el trono de Inglaterra*", Historia, National Geographic, No 111, 5/2013, p. 10, la traduction est nôtre.

liée avec le langage. De ce fait, l'universalité du mensonge le place au cœur d'au moins deux mystères que beaucoup de chercheurs tentent de transformer en problèmes.

13L'un de ces deux mystères est l'émergence du langage humain. Plus personne ne peut sérieusement croire que le langage est apparu brusquement, d'un coup, un beau matin dans l'histoire récente de l'humanité, quelque part en Afrique, par la grâce d'une sorte de big-bang rendant cette apparition exactement contemporaine de «l'explosion symbolique» constatée il y a environ quarante mille ans. Son acquisition par paliers à partir de protolangages résulte, selon toutes probabilités, de l'évolution biologique de l'espèce humaine et son développement doit être mis en rapport avec la sélection naturelle, à l'égal de la station debout. C'est donc une adaptation. Il faut alors se demander en quoi le langage peut-il bien être un avantage évolutif et c'est ici que le mensonge intervient.

14Pour simplifier à l'extrême, l'émergence d'un système de communication sophistiqué, permettant d'échanger des informations factuelles sur le monde, pose le problème, bien connu en théorie de l'évolution, qui est celui de l'apparition de comportements altruistes. Un individu communiquant de l'information à ses congénères perd gratuitement, si l'on peut dire, un atout dans la compétition au profit des opportunistes (les biologistes ne l'ignorent pas, qui restreignent l'accès à leurs données avant la publication dans Nature). En d'autres termes, la sélection naturelle aurait dû privilégier des individus mutiques ou bien menteurs, ce qui fait qu'en retour plus personne n'aurait éprouvé le moindre intérêt à écouter. On conviendra qu'un système de communication aurait eu du mal à se maintenir dans ces conditions. On admettra, dans le même temps, qu'il est difficile d'imaginer que ce soit l'utilité du mensonge qui constitua l'avantage évolutif du langage. Le mutisme aurait bien mieux protégé du risque de la vérité!

15Or toutes les hypothèses émises pour résoudre ce paradoxe de l'apparition de comportements altruistes se heurtent, dans la direction exactement opposée, au fait que le mensonge est inhérent à l'usage du langage. Toutes sauf une, on va le voir bientôt.

16Le deuxième de ces mystères, étroitement lié au premier, est celui de l'émergence de la conscience. Le mensonge joue ici le rôle d'indicateur essentiel. Reprenons, pour le montrer, la définition de saint Augustin: «Ment qui a une chose dans l'esprit et en avance une autre…» Si le menteur a une chose dans l'esprit et en exprime sciemment une autre, c'est donc qu'il a accès à ce qu'il a dans l'esprit. Il est à même de se représenter ses pensées, de se décrire à lui-même ses états intérieurs, de se projeter le film de ses croyances, de ses désirs, de ses intentions et, par là, d'agir réflexion faite, on second thoughts comme dit excellemment l'anglais, donc entre autres de mentir.

17Mais ce n'est là qu'une partie de l'histoire. En effet, le menteur a la volonté de tromper. Or c'est forcément en fonction de ce qu'autrui a dans la tête que le trompeur trompe, que le menteur ment. Pour induire autrui en erreur, il faut bien se représenter ce qu'il pense puisque le menteur, à moins de dire le faux mécaniquement, d'être un menteur pathologique, a nécessairement anticipé le résultat que va produire son mensonge sur les pensées du destinataire.

18Autrement dit, le mensonge administre une triple preuve (qui n'en fait qu'une): la preuve de la présence d'une conscience réflexive chez le menteur, la preuve d'une théorie de l'esprit chez ce même menteur, la preuve que le destinataire du mensonge est lui-même doté et d'une conscience réflexive et d'une théorie de l'esprit. Un homme ment rarement à son frigidaire.

19Or conscience réflexive et théorie de l'esprit sont les conditions nécessaires à la maîtrise du langage. Il faut bien, en effet, pour comprendre autrui (et croire le cas échéant à ses mensonges), non seulement décoder linguistiquement ses paroles mais encore déchiffrer ce qu'il a voulu dire en disant ce qu'il a dit, ainsi que la pragmatique ne cesse de le répéter. La phrase «J'ai faim» ne livre pas linguistiquement le message «Dépêche-toi de finir ton exposé».

20De même qu'une créature qui se trompe démontre de ce fait qu'elle pense, une créature qui ment démontre qu'elle est consciente. C'est pourquoi, comme je l'ai dit, les éthologues font la chasse au mensonge chez les animaux. Une bande de singes vervets est ainsi devenue célèbre dans les annales de la primatologie: on a cru pouvoir y déceler la présence de menteurs émettant le signal «Prédateur en vue» pour faire détaler le gros de la bande aux fins de s'approprier un morceau de nourriture."

Toutefois, et sur cela nous voulons commencer nos réflexions, plusieurs objections peuvent être posées à l'idée du mensonge comme acte langagier.

En premier lieu, M. Lenclud lui-même à plusieurs reprises dans son texte évoque le mensonge comme un phénomène non verbal, ou, plus exactement, de détournement du discours pour éviter le débat ou le conflit. D'abord d'un point de vue logique:

"21Une autre grande question posée par l'existence du mensonge est liée, comme je l'ai dit, au constat que le contraire du vrai n'est pas toujours mensonger, ce qui amène à penser que le mensonge n'est pas toujours l'envers de la vérité.

.../...

23Comment peut-on établir une relation entre le mensonge et le ni vrai ni faux? C'est, évidemment, par le biais du paradoxe du menteur crétois. Dans l'énoncé initial, le paradoxe du menteur, attribué à Épiménide, prend la forme d'un dialogue:

– Si j'affirme que je mens, est-ce que je dis la vérité ou est-ce que je mens?

– Tu dis la vérité.

– Mais si je dis la vérité en affirmant que je mens, alors je mens.

– Donc tu mens.

– Mais si je mens en affirmant que je mens, je dis la vérité.

Laissons de côté les différentes versions de ce paradoxe, les réponses proposées pour sa solution et, également, l'examen de sa portée réelle supposée à tort mettre en évidence les limites de la logique, voire celles de l'usage du discours rationnel. Observons plutôt que ce paradoxe amène à vérifier qu'à côté du vrai et du faux, il existe une zone du ni vrai ni faux, ici de l'indécidable. Parlons, plus généralement, de la zone, fort vaste dans les discours humains, de l'indéterminé."

Ensuite, d'un point de vue littéraire et sociologique:

"30Le mensonge se situe ici exactement comme la fiction par rapport au partage entre le vrai et le faux. D'abord, dans l'échange, «chacun sait qu'il ment et que l'autre ment, de sorte que le mensonge n'en est pas vraiment un». Qu'est-ce donc qu'un mensonge qui n'en est pas un? (Il est difficile de dire que c'est une vérité et pourtant…). Ensuite, le mensonge dit effectivement vrai à sa manière; il dit vrai comme la caricature; il prétend au vrai comme la métaphore.

31Le mensonge vise évidemment à substituer à ce que pense être, dans le fond de son cœur, l'artiste du mensonge, l'image, assurément fausse et sue être fausse, qu'il entend livrer de lui-même. Trompe-t-il vraiment qui que ce soit? Espère-t-il vraiment tromper son public? Dissimule-t-il vraiment le «misérable petit tas de secrets» en lequel consisterait pour André Malraux chaque sujet? Cela paraît douteux.

32Et, pourtant, pour conclure, l'œuvre de fiction en laquelle consiste ici le mensonge, intégré dans la panoplie des beaux-arts, est bel et bien fonctionnelle. Sans y parvenir toujours, elle prémunit contre le passage à l'acte. Le silence est lourd de menaces; le mensonge est d'or, si je puis dire. Il place sur scène et en paroles un affrontement qui pourrait se dérouler dans la vie réelle et en gestes. Le mensonge fabrique donc un monde possible, ce qui est, après tout, une définition de la fiction. Ce monde possible est un monde meilleur. Et l'on retrouve ici l'hypothèse émise pour expliquer par la fonction narrative la fixation du langage dans l'espèce humaine. Pour le dire familièrement, le mensonge aide à faire tourner les rouages sociaux; la fiction, en somme, adoucit les mœurs."

Finalement, on l'a vu, d'un point de vue d'action:

"16Le deuxième de ces mystères, étroitement lié au premier, est celui de l'émergence de la conscience. Le mensonge joue ici le rôle d'indicateur essentiel. Reprenons, pour le montrer, la définition de saint Augustin: «Ment qui a une chose dans l'esprit et en avance une autre…» Si le menteur a une chose dans l'esprit et en exprime sciemment une autre, c'est donc qu'il a accès à ce qu'il a dans l'esprit. Il est à même de se représenter ses pensées, de se décrire à lui-même ses états intérieurs, de se projeter le film de ses croyances, de ses désirs, de ses intentions et, par là, d'agir réflexion faite, on second thoughts comme dit excellemment l'anglais, donc entre autres de mentir."

Ainsi, pour M. Lenclud même, mentir c'est, à la fois, ne pas dire (*"substituer à ce que pense être, dans le fond de son cœur, l'artiste du mensonge, l'image, assurément fausse et sue être fausse, qu'il entend livrer de lui-même"*), éviter de dire (*"second thoughts"*), et l'interstice du dicible (*"partage entre le vrai et le faux"*, *"zone du ni vrai ni faux, ici de l'indécidable. Parlons, plus généralement, de la zone, fort vaste dans les discours humains, de l'indéterminé"*), pour éviter le conflit (*"Le silence est lourd de menaces; le mensonge est d'or, si je puis dire. Il place sur scène et en paroles un affrontement qui pourrait se dérouler dans la vie réelle et en gestes"*).

De fait, ces constatations de M. Lenclud sont, éthologiquement, pleines de bon sens.

D'une part, les animaux, non langagiers, mentent, on le sait, d'autre part, ils le font le plus souvent pour se représenter autre que ce qu'ils sont, afin d'éviter le conflit et le combat, c'est le principe du camouflage:

"En effet, le mensonge est une invention de Mère Nature absolument remarquable qui, depuis la nuit des temps, a déjà sauvé la vie à des milliards de milliards d'individus!.. Cette stratégie consistant à mystifier la réalité peut, par exemple, permettre à une souris de sauver sa peau en simulant la mort afin que le chat qui l'aura attrapée ne cherche plus à la tuer. Ou encore à une oiselle d'essayer de sauver sa nichée en simulant une blessure à l'aile afin que le prédateur s'intéresse plutôt à elle et qu'ainsi il s'éloigne du nid.

Sans oublier tous ces animaux de la création adeptes du mimétisme qui, grâce à leurs couleurs ou à leur forme, peuvent se rendre invisibles pour, autant que possible, échapper à leurs prédateurs: eux aussi sont de merveilleux menteurs.

Et que dire des chats qui hérissent leurs poils afin de paraître plus gros qu'ils ne sont; ou des diodontidea (une espèce de poisson) qui se gonflent d'eau jusqu'à tripler de volume; ou encore des moutons qui s'organisent en une masse compacte pour faire croire qu'ils sont un gros animal?.. Que dire de ces animaux sinon qu'ils sont de fieffés menteurs.

Pour bien des créatures vivantes, mentir est une nécessité absolument vitale car la mystification de la vérité pour passer inaperçu ou dissuader le prédateur est pour beaucoup d'animaux leur seule chance de survie. Et bien sûr, il en va de même chez l'Humain qui, lui aussi, est bien souvent obligé d'inventer de petits ou gros mensonges en solution parfaite pour s'éviter de plus ou moins graves ennuis, et parfois même la mort dans des cas extrêmes."[4]

2. LE MENSONGE ET LA FICTION

Nous ne pouvons que partager l'opinion de M. Lenclud sur l'article de son prédécesseur, lorsqu'il postule que l'on pourrait y substituer souvent le terme de "*mensonge*" par celui de "*fiction*":

---

[4]Laurent Daillie, "*La Logique du Mensonge - Mais pourquoi sommes-nous aussi menteurs?*", *NéoSanté*, No5, Octobre 2011.

"27Refermons l'incise en sautant, de nouveau, plusieurs dizaines de milliers d'années. Nous voilà en compagnie de Raymond Jamous, lisant son article «Mensonge, violence et silence dans le monde méditerranéen» et, plus particulièrement, ces pages où, commentant un texte de Michael Gilsenan, il évoque plus spécifiquement le cas d'une communauté sunnite du nord du Liban, comparativement au Rif et aux Sarakatsani du nord de la Grèce (Jamous, 1993).

28Le temps me manque pour replacer le mensonge au sein de la configuration comparative esquissée par Raymond Jamous avec ses différents niveaux d'analyse. Je ne m'occuperai donc, à regret, que du mensonge. Du mensonge? J'ignore si Michael Gilsenan et Raymond Jamous seraient d'accord mais il est tentant de remplacer partout le terme de mensonge par celui de fiction. Qu'on en juge!"

De fait, M. Jamous le considère ainsi dès la première anecdote qu'il cite pour illustrer son texte, dont l'ensemble est une succession de références basées sur des histoires racontées:

"Gilsenan raconte comment un chauffeur de taxi de son village décrit la vision d'une nuit de la Saint-Sylvestre dans la capitale libanaise: «Les rues étaient toutes illuminées, les décorations partout; les gens sur les trottoirs comme dans les rues et les cafés étaient pleins de monde. Les robes des filles, ciel, les robes des filles étaient ...! Il y avait des Buick, des Alfa, des Mercedes, des Porsche, des Jaguar pare-chocs contre pare-chocs. Les gens s'embrassaient dans la rue, c'était incroyable, cela rendait fou, vous ne pouvez pas imaginer, c'était... comme le mensonge... absolument... comme le mensonge» (Gilsenan 1975: 193). L'étalement des richesses, des ornements, leur abondance dans un même lieu au même moment donnent l'impression d'une fiction, d'un rêve et produisent un effet de beauté surréaliste qui va au-delà de la réalité, de ce qui existe dans la vie quotidienne. Comme le dit bien Gilsenan: le mensonge comme forme de l'invention baroque exprime une fascination esthétique." (p. 98)

Il considère en outre le mensonge comme une mise en scène:

"Mais l'art du mensonge dépasse l'amusement, le tafnis. La mise en scène est une étiquette de la vie quotidienne et le gestuel comme la parole servent à imposer une image de

soi: assis, on se tient le buste bien droit, une main sur le genou; on marche lentement et avec prestance, on parle avec une voix qui demande l'attention et qui impose le silence." (p. 99)

Toutefois, nous divergeons de M. Lenclud lorsqu'il reconnaît dans la fiction une forme supérieure, pour ainsi dire, du mensonge, sans autre fin que le plaisir esthétique.

Toute oeuvre, étant l'expression d'une époque, de ses goûts et de ses idées, est une expression coercitive d'une société sur les individus qui la compose, pour les former, les orienter, ou les endoctiner.

Quelques exemples suffiront à le démontrer:

1. La morale des contes sert aux jeunes à apprendre leur rôle dans la société et à le garder. On pense, encore aujourd'hui à la division des rôles entre hommes et femmes que colportent à l'envie les dessins animés, aussi bien de Walt Disney comme de Barbie, sur l'identification entre la femme et la princesse (sans autre intention que d'être la plus belle et de recevoir son prince charmant).

2. Toutefois, si besoin en était de confirmer cette impression, l'on pourrait aussi bien se reporter aux études aussi bien des comparatistes (tels Saintyves) comme de Bruno Bettelheim sur les contes de fées pour s'en convaincre. Que l'analyse des contes nous apporte un sens saisonnier et astrologique, ou bien éducatif, il s'agit toujours d'une *représentation des idées d'une société.*

3. Mais nous pouvons encore allez plus loin: la morale en vers du "*Petit Chaperon Rouge*" (*Les Contes de ma mère l'Oye*, 1698) de Perrault montre clairement comment tout le conte a une valeur d'enseignement de vertu et de conservation de la fleur de l'innocence et de leur virginité par et pour les femmes (on est donc ici encore dans une société machiste):

"*On voit ici que de jeunes enfants,*

Surtout de jeunes filles

Belles, bien faites, et gentilles,

Font très mal d'écouter toute sorte de gens,

Et que ce n'est pas chose étrange,
S'il en est tant que le Loup mange.
Je dis le Loup, car tous les Loups
Ne sont pas de la même sorte;
Il en est d'une humeur accorte,
Sans bruit, sans fiel et sans courroux,
Qui privés, complaisants et doux,
Suivent les jeunes Demoiselles
Jusque dans les maisons, jusque dans les ruelles;
Mais hélas! qui ne sait que ces Loups doucereux,
De tous les Loups sont les plus dangereux."

4. Mais, là où l'on nous aurait dit (au troisième point ci-dessus) que nous interprétions d'après de sources secondaires le sens des contes, alors qu'on voit ici que ceux-ci sont volontairement démonstratifs, l'on pourra nous vouloir récuser notre affirmation en nous disant à présent que seuls les contes, dans la littérature et dans l'art, ont cette tendance éducative, par conséquent impositive et coercitive des moeurs et des mentalités. Augmentons donc notre *corpus*, et tournons-nous vers les films états-uniens contemporains. Restant dans la division psychologique homme-femme et de leur fonction respective dans la société, on notera que l'ensemble des comédies romantiques montrent des femmes uniquement dédiées à trouver leur prince charmant, sans intérêt pour une autre fonction que la familiale. Citons la plus emblématique du genre: *27 Dresses* (2008, curieusement dirigée par une femme: Anne Fletcher). Mais aussi le film *What's Your Number?* (2011, Mark Mylod) qui sortit l'actrice Anna Faris du carcan du rôle d'héroïne burlesque, pour l'enfermer dans celle de jeune première de comédie romantique formatées, film dont le titre même renvoie à la relation, bien que dialectisé, entre le *bon numéro* et la qualité de la femme, définie par celui-ci. Mais plus clair encore est le film *I Don't Know How She Does It* (2011, Douglas McGrath), en premier lieu complaisante, comme l'indique le titre, auto-proclamation féministe du rôle de la femme dans la société,

qui est à la fois mère et travailleuse, en cela version filmique du discours, visuel, du clip de la chanson "*Girl on Fire*" (éponyme de l'album de 2012) d'Alicia Keys (les paroles de ladite chanson étant beaucoup moins explicites que le vidéoclip). D'autre part, le film de McGrath expose, comme le dit l'héroïne à la fin, comment une femme au travail est un double gâchis, parce qu'elle n'est qu'un homme de plus, et parce qu'elle perd ce qu'elle représente pour elle, ses enfants et sa famille si elle restait à la maison. Discours curieux de la part de l'actrice principale (Sarah Jessica Parker), mais compréhensible dans le contexte du discours économique des années de crise, où l'on a vu des voix évoquer la supposée relation entre la baisse du chômage et le fait que dans les couples ne travaille que l'un des deux membres. Lequel est, traditionnellement, la femme.

5. Suite au 11/9, les États-Unis commencèrent à produire de nombreux films de super-héros, notamment *Spider-Man* (2002 - seulement un an après les événements -, du directeur Sam Raimi), où, face aux méchant, tous les citoyens de New York s'organisent pour aider le héros en danger, au rythme de slogan que si l'on touche à un seul d'entre l'on touche à tous. Parallèlement, Hollywood fit un notable retour aux *peplums*, dont le genre s'ouvrit à l'époque des Croisades. De fait, *Kingdom of Heaven* (2005, Ridley Scott) sortit contemporainement à *Troy* (2004, Wolfgang Petersen). Ces *peplums* ont la particularité, par opposition à ceux des années 1960, en général italiens, d'être moins des représentations ingénues de la mythologie antique (même si, au cours des dernières années, le caractère politique a laissé la place à des superproductions de diversion, comme dans les cas du médiéval *Beowulf* de 2007 de Robert Zemeckis, de *Percy Jackson & the Olympians: The Lightning Thief* de 2010 de Chris Columbus, ou du film du cycle des Marvel Comics *Thor* de 2011 de Kenneth Branagh) que des illustrations du combat entre chrétiens et musulmans (de là l'ouverture du genre au Moyen Âge et aux Croisades). Ainsi *300* (2006, Zack Snyder), qui illustre la Bataille des Thermopyles, utilise

l'histoire pour montrer, en inversant les rôles (les peu nombreux occidentaux contre les supérieurs en nombre orientaux, motif que l'on retrouvera dans *Red Dawn* de 2012 de Dan Bradley, illustré par le combat, à Washington même, entre les états-uniens sans défense et les puissants nord-coréens envahisseurs), l'opposition implicite d'une guerre de religions. Guerre de religion explicite aussi bien dans *Kingdom of Heaven* comme dans le film de symbolique titre *11 settembre 1683* (2012, Renzo Martinelli), dans lequel un prêtre catholique est celui qui oriente les européens à se battre pour leurs "*religion et coutumes*" contre l'envahisseur arabe, alors que le musulman, appelé Abu'l, marié à une autrichienne sourde-muette, que sauve du lynchage public le prêtre, décide de s'allier au vizir Karà Mustafà, parce que, explique-t'il a sa désespérée épouse enceinte: "*Vous choisissez le coeur, nous la religion, c'est ce qui nous distingue des occidentaux*".

6. dans le cadre de l'idéologisation du 11/9 et de ses conséquences sur les droits de l'homme, plusieurs films sont venus expliquer, approuver et excuser la torture, pour des raisons sentimentales (*Unthinkable* de 2010 de Gregor Jordan), d'espionnage (*Safe House* de 2012 de Daniel Espinosa), et de rétribution (aussi bien, ironiquement, par le directeur Steven Spielberg de *La liste de Schindler* de 1993 dans *Munich* de 2005, que par le récent film sur la mort supposée de Ben Laden intitulé *Zero Dark Thirty*, 2012, par la directrice Kathryn Bigelow).

7. Mais l'on ne peut, en conscience, faire des États-Unis les seuls responsables de soutenir un discours nationaliste. On sait que les vainqueurs, comme aujourd'hui les États-Unis, se représentent toujours comme civilisateurs, et les vaincus comme soumis par un joug injuste. On pensera au film *The Rum Diary* (2011, Bruce Robinson), dans lequel, lorsqu'arrive le nouveau journaliste à Puerto Rico, lors d'émeutes, et que le directeur du journal local lui montre par la fenêtre un policier maltraiter un gréviste, disant qu'il aime ce genre d'engagement, et qu'il ne comprend pas pourquoi les portoricains se plaignent des bénéfices de la civilisation que

leur apporte la domination états-unienne. D'autre part, le XIXème siècle est rempli d'exemples de héros défenseurs de la Patrie, de Guillaume Tell, chez Schiller, à Robin Hood chez Howard Pyle, en passant par l'Ivanohé de Walter Scott, le Dick Turpin de William Harrison Ainsworth, le Till l'Espiègle de Charles de Coster, ou le D'Artagnan d'Alexandre Dumas.

Ces exemples nous semblent suffire à démontrer que l'art, en tant que mensonge, est toujours coercitif.

Nous ajouterons, dans le domaine de la mythologie, que le mythe aussi bien est une forme de révélation des prohibitions (l'a montré, en particulier, Freud, à propos d'OEdipe et de son pendant moderne Hamlet, mais on le voit aussi clairement dans le *Lévithique* biblique ou l'histoire de Moïse, que Dupuis dans son *Origine de tous les cultes* considère comme une version astrologique judaïque similaire au cycle, par exemple, d'Hercule), comme de réélaboration et, parfois, laïcisation de cultes ancestraux[5].

C'est également ce caractère coercitif des expressions sociales que nous nous sommes appliqués, dans plusieurs conférences, à démontrer des formes du rire[6].

3. DIEU, LA MORALE ET LE MENSONGE

À présent, une fois posée cette double distinction: que le mensonge n'est pas forcément un acte langagier, et que la fiction, qui est une forme ou hypostase du mensonge, est toujours coercitive, nous voudrions aborder la

---

[5]Comme nous l'avons montré dans notre comparaison entre les figures nicaraguayennes de Tío Coyote et du Güegüence et les légendes du Chiapas et les mythes de l'origine des Winnebagos d'Amérique du Nord, aussi bien dans notre ouvrage *Mythes* (Mouzeuil-Saint-Martin, Bès Éditions, 2001), comme dans notre conférence "*Estudio comparativo de tres textos fundadores del teatro latinoamericano: El "Rabinal Achí" guatemalteco, El "Ollantay" peruano y El Güegüence nicaragüense*", V Coloquio Internacional: *Teatro y Tercer Milenio en Hispanoamérica - Dominios hispanoamericano y mexicano*, CRILAUP - Centre Européen de Recherches sur le Théâtre Mexicain, Universidad de Perpignan, octubre del 2001.
[6]Aussi bien dans la conférence ci-dessous référencée, comme dans celles intitulées: "*Le rire: Désacralisation ou manière de diffuser le sacré? L'exemple du pet dans les textes et légendes populaires*", *2000 ans de Rire. Perspective et modernité*, Coloquio Internacional GRELIS-LASELDI/CORHUM (2000, Besançon), PUFC - Presses Universitaires Franc-comtoises, Paris, Les Belles Lettres, 2002, pp. 31-41; et "*Du théâtre de boulevard aux "sitcoms": les relations amoureuses comme expression du modèle bourgeois*", 6 Colloque International de CORHUM sur *La comédie de l'amour*, Ottawa, 5-7 mai 2005.

question du silence du mensonge, et de la religion comme interstice, selon M. Jamous, entre le vrai et le faux, pour paraphraser M. Lenclud (bien que celui-ci utilise ce concept dans un autre sens, "*logique*").

Commençant par la fin, nous évoquerons l'idée, religieuse, des types de péchés, par action, par parole, et par omission. On voit bien donc que le mensonge, pour réaffirmer notre antérieure position que le mensonge n'est pas obligatoirement langagier, est considéré par beaucoup, incluant la religion, comme un phénomène tacite ou silencieux.

Dans ce cadre, M. Jamous cite un cas spécifique, qui est, plus ou moins, le centre nerveux de sa démonstration:

"*Dans tous ces contextes, mentir c'est marquer une distance entre ce que l'on est, ou qu'on pense être, et ce qu'on veut donner à voir. C'est signaler qu'il y a un domaine secret, privé, intime, personnel qui doit échapper au regard d'autrui. Pour l'essentiel, le secret dont il s'agit, c'est celui qui doit être gardé dans l'intimité de la famille ou qui est honteux, déshonorant: des dettes d'honneur non réglées, un mort non vengé, une sexualité déviante, un scandale interne non résolu, etc. Le mensonge en paroles et en gestes est d'une certaine manière un moyen de préserver, de masquer ce secret. Souvent dans ce milieu fermé d'interconnaissance, ce secret n'en est pas vraiment un, comme le mensonge n'en est pas un. Si le mensonge met l'autre à distance, c'est moins pour l'empêcher de connaître votre secret que pour l'empêcher de le révéler, d'en parler en public devant vous.*
Mais il y a une ambiguïté majeure: celui qui utilise le mensonge ne cherche-t-il pas à recouvrir ses tares familiales pour ne pas avoir à assumer ses responsabilités, à laver l'affront ou la souillure? La parole mensongère est une forme de défi d'honneur mais c'est aussi une tentative souvent réussie, de ne pas avoir à passer à l'acte, à la confrontation violente qui est pleine de dangers. Elle fascine tous ceux qui l'utilisent mais elle se pratique sur le fil du rasoir, au bord du précipice. L'ambiguïté du mensonge comme du secret indique qu'ils sont un enjeu dont on ne maîtrise pas toujours les effets.
.../...
Le silence: de l'honneur au «sacré» divin
La complicité dans le mensonge peut arrêter la violence. On peut dire aussi que la parole mensongère impose le silence. Mentir c'est aussi taire son secret et il suffit de lever le voile

du silence pour obliger l'autre à passer à l'acte, comme le montre très clairement le cas suivant. M. Gilsenan raconte que deux cousins. A et B se promenaient en ville. Soudain A désigna un vieux qui marchait devant eux et dit qu'il avait tué quarante ans auparavant l'oncle paternel de B. Ce dernier n'eut pas le choix: il sortit son revolver et descendit le meurtrier sur place. (Gilsenan ibid.: 216.)

Mais le silence prend un autre sens quand il occupe le devant de la scène sans être accompagné de parole mensongère. Il indique que quelque chose se prépare, se trame sans qu'on puisse savoir quoi exactement. Un homme est tué. Son père déclara qu'il n'y avait pas à le venger car il s'était comporté comme un makhlu: il volait, rançonnait les gens du village et de l'extérieur et voulait même s'en prendre aux «seigneurs». La victime avait deux frères. L'aîné continua à parader en public et à utiliser la parole mensongère. Le cadet resta silencieux. C'est de lui que le meurtrier eut peur: que préparait-il et quelle était son intention secrète? Le silence effraie car il est lourd de menaces. Il ne peut pas durer. Il faut trouver une solution. Pour cet exemple, on ne nous dit pas comment il fut résolu.

Gilsenan relate un autre fait particulièrement intéressant. Les protagonistes sont deux jeunes cousins et amis A et B: le premier sait utiliser la parole avec talent, le second est plus effacé. Ils partent régulièrement en ville. A l'un de leur retour, les villageois s'aperçoivent que quelque chose s'est passé entre eux. B est très gêné comme si un secret honteux avait été découvert par l'autre, comme si ce dernier avait pris pouvoir sur lui. A prétend que rien ne s'est passé. Cependant, entre les deux jeunes, un silence lourd, pesant, s'installe. Différents intermédiaires essaient de résoudre cette tension sans succès. On craint que le secret scandaleux (mais lequel?) de B ne soit révélé en public, ce qui obligerait les familles respectives des deux jeunes à s'engager dans une violence dont on craint qu'elle ne puisse être contrôlée. C'est finalement B qui trouva une solution: il devint le disciple du saint. Il se fit pousser la barbe, porta un bonnet blanc, indiquant ses intentions religieuses. Il invita le saint régulièrement à sa maison ainsi que d'autres et participa aux rituels mystiques (le dhikr). Cette piété fut le signe qu'il sortait du domaine de l'honneur pour entrer dans celui du sacré. Du coup toutes les interrogations cessèrent et la tension retomba. Un autre silence s'instaura. Le secret honteux avait été placé sous l'autorité du saint et tout avait changé pour cet individu. Le saint est l'homme béni de Dieu, rajul mabruk. Rappelons que c'est un ascète qui cherche l'union mystique avec Dieu et ne veut pas se mêler des affaires mondaines. Le jeu de l'honneur ne le concerne pas. On dit aussi qu'il est celui qui connaît tous les secrets, ou plus précisément connaît le secret divin, le sens caché (batin) des choses et des êtres. Les autres hommes ne possèdent que le sens apparent (zahir) qui est trompeur quand il n'est pas faux, mensonger. Il est significatif que ce secret divin ne se dit pas, qu'on n'énonce pas la vérité ultime. On dit à propos du saint: il sait mais on ne dira pas ce qu'il sait. Lui-même peut y faire allusion sans plus. A l'opposé des hommes d'honneur, le saint est un homme qui se remarque par ses actes, son comportement religieux, par la maîtrise avec laquelle il conduit les rituels mystiques.

Dans cet univers de la sainteté, le mensonge peut être dénoncé en public par cet homme béni par Dieu sans que cela porte à conséquence. Un exemple est particulièrement significatif. Le saint sort d'une maison après avoir fait un rituel mystique. Il rencontre à la porte un jeune qui avait abandonné la prière en commençant une «affaire» avec une fille. Il lui demande s'il prie quelquefois. Le jeune, embarrassé, répond: «Parfois.» A quoi le saint répond gentiment: «Pourquoi ajoutez-vous le mensonge à vos autres péchés?» Ce bref échange laissa le jeune pantois, il se tourna vers l'anthropologue pour lui dire: «Il (saint) sait.» Dans l'univers de la prière, de l'ascèse et du secret divin, le mensonge, le faux semblant est visible et doit être condamné.

Au nom de cette même logique, le mensonge peut se mettre au service du sacré pour mettre à l'épreuve une revendication de sainteté. Gilsenan raconte longuement l'histoire d'un «saint» de Syrie qui visita le village et voulut enrôler les jeunes dans sa confrérie. Après le rituel mystique du dhikr qu'il prétendit conduire de manière différente de celle du saint local, il commença un long discours dans lequel il souligna qu'il avait la connaissance du batin (sens caché, secret divin) là où les autres ne voient que l'apparence. Ce fut là une erreur fatale: il voulut transmettre en paroles ce qui n'a pas à être dit. Il ne pouvait qu'être un menteur et dans l'univers du sacré, cela doit être dénoncé et le sera grâce au mensonge. Le même jeune sermonné par le saint local (cf. ci-dessus), se proposa de devenir l'adepte du visiteur et, sur la recommandation de ce dernier, partit dans la chambre d'à côté, prétendant faire ses ablutions et les rites de prosternation. Le visiteur continua à parler de ses vertus personnelles et de son pouvoir miraculeux sans «voir» que le jeune ne faisait pas ce qui lui était demandé, mais avalait de la nourriture et faisait quelques gesticulations. Pour le public local, le visiteur était démasqué et ne pouvait qu'être un faux saint. Le mensonge fait par les jeunes avait servi la vérité (Gilsenan 1975: 207-208).

Si l'on prend une vue d'ensemble, on notera que le saint n'est pas ici un médiateur. Il n'est pas sollicité dans les affaires de violence. Dans l'exemple considéré plus haut, si la tension entre les deux jeunes A et B s'était transformée en un conflit violent entre leurs familles respectives, aucune interposition n'aurait été possible. C'est dans le silence qu'un changement de valeur s'est opéré. Mais il y a plus encore, c'est un individu particulier qui a dû faire le choix de passer du champ social local de l'honneur à celui du salut individuel en relation au saint. C'est ainsi que le secret honteux dans l'honneur a pris un caractère inviolable et sacré quand le jeune homme B s'est placé sous l'autorité du saint. Les deux champs sont très nettement distingués, et il n'existe pas de lieu ou de rite qui permette de les relier, comme c'est le cas dans le Rif marocain." (pp. 99-101)

Ce qui lui fait conclure:

"***La sainteté: de la violence à la paix de Dieu***
Une autre différence concerne le rapport à la sainteté. Au Liban, les hommes saints sont inscrits uniquement dans le cadre local. Il n'en est pas de même au Maroc. Il existe des saints médiateurs au niveau local, un sultan issu d'une lignée de chorfa, de saints descendants du Prophète au niveau global, et enfin de saints mystiques fondateurs de confréries religieuses dont l'implantation déborde le cadre tribal et marocain au niveau universel. C'est uniquement ces derniers qui ressemblent aux saints libanais, car ils ne s'occupent pas des affaires d'honneur mais de salut individuel.
Le saint libanais n'intervient pas dans les affaires d'honneur. Il constitue un recours pour celui qui veut se placer sous son autorité. Mais les deux univers de l'honneur et de la sainteté ne se rencontrent pas dans un espace social défini. Par contre, le chérif rifain est le médiateur par excellence dans les conflits d'honneur. Il intervient dans les échanges de meurtres entre les patrilignages, sur la demande des deux parties, et négocie le paiement d'une compensation, d'un prix du meurtre, par le tueur aux parents de sa victime. Son action est la seule qui permette d'échapper à l'enchaînement de violence, au massacre, et restaure la paix pour un temps. La réussite de sa médiation est le signe qu'il possède la baraka, la force divine. Un rituel appelé 'ar est nécessaire pour amener les deux parties à ne plus s'entre-tuer... pendant un certain temps. Ce terme de 'ar signifie sacrifice et honte. La médiation est interprétable de deux manières complémentaires et hiérarchisées:

– 1. La valeur de la baraka subordonne celle de l'honneur; le sacrifice, la paix de Dieu imposent leur Loi aux hommes;

– 2. Au niveau de l'honneur qui ne disparaît pas de la scène mais reste à l'arrière-plan, l'accord ne peut être que honteux car on a remplacé un mort par un ersatz de mort, c'est-à-dire la compensation.

.../...

Que ce soit au niveau local ou au niveau global, la violence est au Maroc le seul acte social qui permette le passage de l'honneur au sacré divin. Elle occupe de ce point de vue la place du silence dans le Nord-Liban. Ce contraste indique bien les différences entre les deux ensembles.

Au Liban, on passe de la parole mensongère à la violence et réciproquement. Le silence, quand il ne débouche pas sur la violence, permet de sortir des dangers de l'affrontement et d'aller vers Dieu, mais le passage est ténu et seul un individu peut l'opérer. Devenir un disciple du saint, c'est faire le choix du salut individuel et ne plus s'occuper des affaires mondaines. La société locale ou nationale reste enfermée dans le jeu politique sans être légitimée par une autorité transcendante.

.../...

Pour conclure cette analyse et en élargir les perspectives, on considérera une autre configuration entre violence, mensonge et silence, celle qui caractérise les pasteurs nomades saraktsani de Grèce (Campbell 1964).

.../...

Devenu vieux, le Saraktsani se retire de la vie publique. «Il est dorénavant au-delà des bravades excessives du pallikari et des calculs prudents du chef de famille» (ibid.: 286). Il laissera son ou ses fils prendre les décisions pour mener les affaires de famille. Il doit rester «tranquille», trouver une paix intérieure et préparer sa mort. Le silence est l'indice que le «vieil homme» quitte le monde de l'honneur pour aller vers Dieu.

Mais ce qui frappe dans l'exemple saraktsani, c'est que l'interprétation des étapes de la vie en termes religieux se superpose à celle en termes d'honneur sans être totalement congruente avec elle. Le jeune berger qui ne doit pas avoir peur de mourir pour l'honneur, est aussi considéré comme un homme vierge de toute expérience sexuelle. Il n'a pas de sensualité et d'envie, ces deux facteurs étant à l'origine de la culpabilité, du péché ancestral qui éloigne de la vérité divine. La mort violente du jeune berger est aussi conçue à l'image de celle du Christ, comme un sacrifice de soi pour racheter la faute des autres. L'homme marié qui pratique le mensonge est conçu comme celui qui a des désirs sexuels, qui est tenté par la sensualité, l'envie, par le péché; ce qui l'éloigne de Dieu." (pp. 105-110)

Dit autrement, il nous semble que la démonstration de M. Jamous implique que le domaine de la sainteté, comme il l'exprime d'ailleurs explicitement (*"On dit à propos du saint: il sait mais on ne dira pas ce qu'il sait"*), sort celui qui la possède du domaine étroit de l'échange social, régi par l'honneur, l'orgueil, donc le mensonge, et la violence qui s'y associe, pour démontrer son pouvoir et éviter tout déni:

"Le mensonge n'est pas seulement une manière de qualifier certains êtres ou certaines situations, c'est aussi un jeu où l'on donne à voir et se donne à voir. D'un homme droit, juste, qui ne sait ou ne veut pas mentir, on dit: c'est un adami, un «homme bien» pour ajouter aussitôt à son propos miskin: «pauvre homme». En revanche, on admire celui qui sait utiliser le mensonge devant un public de connaisseurs, les gens de son village, de son quartier, dont il doit attirer l'attention et l'admiration. L'homme qui ment sait user du tafnis, sorte de mise en scène de paroles vides de sens (haki) pour l'amusement (mazah). Comme le signale Gilsenan, la fantaisie, l'humour, l'artifice et la prétention se mêlent dans ce jeu où le menteur est en même temps le metteur en scène et le personnage principal. Il y a là un côté exercice gratuit où il s'agit de provoquer l'autre, celui qui doit essayer de répondre sur le même registre. Gilsenan ne fournit pas d'exemples précis du tafnis. Il indique que c'est le bavardage interminable de celui qui prétend connaître mieux que tous les arcanes de la politique, ce qui se trame et se décide dans les hautes sphères. J'ai moi-même souvent vu ces personnages expliquer avec le plus grand sérieux qu'ils sont derrière toutes les décisions prises au niveau politique, ou qu'ils peuvent, s'ils le veulent, changer le cours des choses car ils sont écoutés, ou encore qu'ils ont un projet fantastique pour réduire le chômage à néant, etc. A ce: si vous saviez ce que je sais, on répondait soit par la surenchère sur le même ton, soit par un étonnement feint teinté d'ironie.
.../...
Donner la mort suppose aussi, semble-t-il, une mise en scène comme le mensonge. Un exemple fourni par Gilsenan le montre bien. Un jeune homme de dix-sept ans voulut venger un cousin blessé par un paysan dans une bagarre. Il alla dans le quartier de ce

dernier situé en haut d'une colline et le tua de plusieurs balles à l'intérieur de son magasin. Sur le chemin du retour, il s'aperçut qu'il avait oublié ses sandales chez sa victime. Il revint sur ses pas, les reprit après avoir traversé la foule des paysans et redescendit la colline en leur tournant le dos. Les membres de son groupe l'accueillirent avec des acclamations et l'un d'eux affirma: «Il est monté en haut comme un enfant et il en est redescendu comme un homme» (Gilsenan ibid.: 201). Là, comme dans de nombreuses communautés méditerranéennes, se venger est montrer son sens de l'honneur. Cependant il ne suffit pas de tuer, il faut le faire avec panache, avec style, il faut se mettre en scène, parader en signant son acte. Mais la vengeance n'est pas simplement la marque de l'honneur. De ce jeune homme, comme de tous ceux qui n'hésitent pas à tuer, on dit qu'il est devenu un makhlu, un homme «sonné», un «fêlé». Par là, il est signifié que son acte l'a transformé, qu'il est devenu un déséquilibré, un instable, un asocial. C'est que la violence est source d'anarchie, de désordre, et une fois qu'on s'y engage, il n'est pas sûr qu'on puisse la contrôler, la maîtriser. Certes, la vengeance est valorisée. Mais il n'existe apparemment pas de règles bien définies qui limitent et ordonnent l'échange de violence comme c'est le cas dans le Rif marocain que nous verrons plus loin, ou dans les montagnes albanaises dont parle Ismaël Kadaré (1982). D'où le sens ambigu donné à la violence: c'est l'acte d'honneur par excellence mais c'est aussi un acte qui menace de détruire le monde social local. On n'arrête l'enchaînement des meurtres que par la parole mensongère. Celle-ci permet de changer de registre, de voiler le sentiment de honte, de cacher les indignités des uns et des autres." (pp. 98-99)

Outre le fait que nous ne sommes pas persuadés de l'identification arbitraire établie par M. Jamous entre la violence et le mensonge, alors même que nous avons dit, et qu'il le reconnaît aussi ("*On n'arrête l'enchaînement des meurtres que par la parole mensongère. Celle-ci permet de changer de registre, de voiler le sentiment de honte, de cacher les indignités des uns et des autres*"), que le mensonge sert souvent à éviter le conflit, ce que prouve le simple constat éthologique, on l'a vu, l'assimilation entre le saint et, par conséquent, la religion, en particulier dans le cas des deux cousins, et la fin de la violence, est une identité qui nous semble plus provenir du XIXème siècle qu'être une vérité en soi.

Tout d'abord, si l'on se reporte à l'idée de l'intervention religieuse pour éviter le conflit, on verra combien l'histoire racontée par M. Jamous des deux cousins fait écho aux *Frères Karamazov* (1879-1880) de Dostoïevsky, et là à la figure du starets Zosime. De fait, le roman commence ainsi:

"C'était vers la fin du mois d'août, par une belle matinée claire et chaude. La réunion de la famille Karamazov chez le starets Zossima devait avoir lieu à onze heures et demie. On avait eu recours, en désespoir de cause, à cette assemblée d'un conseil de famille, sous le patronage du vénérable vieillard, pour trancher les différends survenus entre Fédor Pavlovitch Karamazov et son fils aîné DmitriFédorovitch. La situation entre le père et le fils était extrêmement tendue. Dmitri Fédorovitch réclamait l'héritage de sa mère, et Fédor Pavlovitch prétendait avoir donné à son fils tout ce qui lui était dû.
Les invités furent amenés par deux voitures. Dans la première, un équipage attelé de forts chevaux, arrivèrent Petre Alexandrovitch Mioussov, — parent de Fédor Pavlovitch par alliance, — et Petre Fomitch Kalganov, qui se préparait à entrer à l'Université, un garçon silencieux et un peu gauche. Mais dans l'intimité, il s'animait, causait et plaisantait gaiement. C'était l'ami du plus jeune des trois fils de Fédor Pavlovitch, Alexey Fédorovitch, alors novice au couvent du starets Zossima."[7]

Mais, si dans le même XIXème siècle, nous nous retournons vers la plupart des ouvrages de cape et d'épée, nous verrons aussi qu'est identique le statut attribué au Roi (le Régent ou le plus haut noble) comme médiateur de justice et de vérité dans les conflits entre les personnes:

"— Monseigneur, dit la princesse, voici l'héritière de Nevers, ma fille, qui s'appellera demain madame de Lagardère, si Votre Altesse Royale le permet.
Le régent prit la main d'Aurore, la baisa et la mit dans la main d'Henri.
— Merci, murmura-t-il en s'adressant à ce dernier et en regardant comme malgré lui le tombeau du compagnon de sa jeunesse.
Puis il affermit sa voix que l'émotion avait rendue tremblante et dit en se redressant:

---

[7]Traduction par Ely Halpérine-Kaminsky et Charles Morice, Paris, Plon, 1888, T.1, p. 2.

— *Comte de Lagardère, le roi seul, le roi majeur peut vous faire duc de Nevers.*" (Paul Féval, fin du *Bossu*, 1857)

"*«Monsieur mon père, dit Vallombreuse, je vous présente le baron de Sigognac, autrefois mon rival, maintenant mon ami, mon parent bientôt si vous y consentez. Je lui dois d'être sage. Ce n'est pas une mince obligation. Le Baron vient respectueusement vous faire une requête qu'il me serait bien doux de vous voir lui accorder.»*

Le prince fit un geste d'acquiescement comme pour engager Sigognac à parler.

Encouragé de la sorte, le Baron se leva, s'inclina et dit: «Prince, je vous demande la main de madame la comtesse Isabelle de Lineuil, votre fille.»

Comme pour se donner le temps de la réflexion, le vieux seigneur garda quelques instants le silence, puis il répondit: «Baron de Sigognac, j'accueille votre demande et consens à ce mariage en tant que ma volonté paternelle s'accordera avec le bon plaisir de ma fille que je ne prétends forcer en rien. Je ne veux point user de tyrannie, et c'est à la comtesse de Lineuil qu'il appartient de décider sur ce point en dernier ressort. Il la faut consulter. Les fantaisies des jeunes personnes sont parfois bizarres.» Le prince dit ces mots avec la fine malice et le sourire spirituel du courtisan comme s'il ne savait pas dès longtemps qu'Isabelle aimait Sigognac; mais il était de sa dignité de père de paraître l'ignorer, tout en laissant entrevoir qu'il n'en doutait aucunement.

Il reprit après une pause: «Vallombreuse, allez chercher votre sœur, car sans elle, vraiment, je ne puis répondre au baron de Sigognac.»

Vallombreuse disparut et revint bientôt avec Isabelle plus morte que vive. Malgré les assurances de son frère, elle ne pouvait croire encore à tant de bonheur; son sein palpitant soulevait son corsage, les couleurs avaient quitté ses joues, et ses genoux se dérobaient sous elle. Le prince l'attira près de lui, et elle fut obligée, tant elle tremblait, de s'appuyer au bras du fauteuil pour ne pas choir tout de son long à terre.

«Ma fille, dit le prince, voici un gentilhomme qui vous fait l'honneur de me demander votre main. Je verrais cette union avec joie; car il est de race ancienne, de réputation sans tache, et il me semble réunir toutes les conditions désirables. Il me convient; mais a-t-il su vous plaire? les têtes blondes ne jugent pas toujours comme les têtes grises. Sondez votre cœur, examinez votre âme, et dites si vous acceptez monsieur le baron de Sigognac pour mari. Prenez votre temps; en chose si grave, il ne faut point de hâte.»

Le sourire bienveillant et cordial du prince faisait bien voir qu'il badinait. Aussi Isabelle enhardie mit ses bras autour du col de son père et lui dit d'une voix adorablement câline: «Il n'est pas nécessaire de tant réfléchir. Puisque le baron de Sigognac vous agrée, mon seigneur et père, j'avouerai avec une libre et honnête franchise que je l'aime depuis que je l'ai vu et je n'ai jamais désiré d'autre époux. Vous obéir sera mon plus grand bonheur.

— Eh bien, donnez-vous la main et embrassez-vous en signe de fiançailles, dit gaiement le duc de Vallombreuse. Le roman se termine mieux qu'on ne l'aurait pu croire d'après ses commencements embrouillés. À quand la noce?" (Théophile Gautier, fin du *Capitaine Fracasse*, 1863)[8]

Ainsi tombe d'elle même l'opinion émise par M. Jamous que le mensonge d'honneur est le fait des hommes d'honneur, des puissants, c'est-à-dire qu'il a une double raison ou fonction: économique (pour perpétuer, en parti par l'ostentation, le pouvoir des dirigeants sur les pauvres) et de classe (en relation avec l'honneur des puissants), puisqu'en effet, on voit ici que le XIXème siècle attribue au noble et au Roi une fonction de révélateur et de pacificateur identique à celle que ce siècle, et postérieurement dans son article M. Jamous donne au prêtre.

L'histoire offre encore d'autres exemple. L'éducation nationale nous rappelle toujours la figure du bon roi Saint Louis et de sa justice.

Dans le cas d'OEdipe, c'est, dans la pièce *Œdipe à Colone* de Sophocle, le gouvernant Thésée qui pourra, seul, permettre la rédemption de l'âme du vieux parricide.

Finalement, en contrepoint, on se souviendra de la critique, répétée, tout au long du *Décaméron* (1349-1353), de Boccace aux religieux (en particulier dans la longue diatribe de la VIIème Nouvelle de la "*Troisième Journée*"), preuve là encore de la vision très XIXème siècle de M. Jamous dans son analyse.

---

[8]Paris, G. Charpentier, 1889, T. 2, pp. 359-361.

Le langage populaire exprime lui-même encore la présence, dans le cadre religieux, du mensonge, lorsqu'il parle des "*pieux mensonges*"[9].

4. CONCLUSION

À manière de conclusion, on notera que le mensonge est donc un phénomène non obligatoirement langagier (le montre sa présence dans le monde animal), lié non tant à une information sinon à un processus de désinformation, social ou individuel, à fin coercitif (faire croire quelque chose à quelqu'un ou à un groupe), dans lequel il est difficile, voire impossible, sauf à se mettre dans la position du menteur avec des vues spécifiques d'intérêt de représentation ou de foi en un groupe particulier, de définir des purs et des impurs.

En ce sens, et nous reportant au concept, implicite, de M. Jamous dans son article, du statut intermédiaire de la religion face à la vie civile, laquelle oscilerait, selon lui, entre violence (par imposition de soi aux autres) et mensonge (par déni ou éloignement de l'acte violent), amplifiant le thème, il nous plairait de signaler, pour terminer, que nous semble aussi fausse l'idée de Sartre[10] (lorsqu'il prétend montré *qu'il peut y avoir morale sans, c'est-à-dire en marge ou au-delà de, Dieu*) comme celle d'Heidegger (lorsqu'il prétend que toute morale implique un *Être* supérieur ou transcendant aux *Étants*). En effet, la morale, non seulement parce que, sans importer si Dieu existe, celui-ci a été inventé par l'homme (dans ses multiples et contradictoires expressions), mais aussi parce que l'*opinion morale est un jugement subjectif chargé d'orienter la soumission d'un groupe spécifique aux raisons d'un petit nombre* (voir Moïse descendant du Mon Sinaï avec ses *Tables*), la morale, donc, ne peut, logiquement (pour reprendre l'intention de M. Lenclud), que s'exprimer dans le cadre de l'activité et de la pensée humaine. C'est ce qu'a montré Durkheim dans ses textes sur le crime et son sens sociologique,

---

[9]Même si, comme le laisse supposer la forme espagnole de l'expression ("*mentira piadosa*") elle tend plus à l'idée de mentir par pitié envers l'autre ("*despiadado*" *versus* "*apiadarse*") qu'à l'idée, en soi, de piété religieuse. Toutefois, en espagnol comme en français aussi, pitié et piété sont liées (les deux sont en espagnol exprimées par le terme de "*piedad*").

[10]Nous faisons, bien sûr, ici allusion au débat entre les deux philosophes, initié par *L'existencialisme est un humanisme* (1946) de Sartre, et suivi par la *Lettre sur l'Humanisme* (1947) de Heidegger.

lorsqu'il défend l'idée qu'il n'y a pas de crime, mais que celui-ci est un concept défini par les société parce que le châtiment renforce les liens sociaux autour de normes en commun. Ce qui explique que des pays comme les contemporains puissent à la fois approuver, pénaliser et utiliser (de façon particulière et *illogique*) le suicide, l'euthanasie, l'avortement et la peine de mort. La raison n'en est jamais absolue, elle n'est que le produit d'une pensée particulière sur les faits, en soi neutres. Le mensonge est l'application affirmative de cette pensée aux faits neutres (ou, si l'on veut, originellement *amoraux*).

Réflexions vers une nouvelle anthropologie du mensonge

"Ceux de qui la conduite offre le plus à rire
Sont toujours sur autrui les premiers à médire."

1. La conception anthropologique du mensonge: une erreur méthodologique

"Non; on est aisément dupé par ce qu'on aime.
Et l'amour-propre engage à se tromper soi-même."

En premier lieu, et renvoyant ainsi à notre travail de *"Révision littéraire des mensonges d'après deux articles de Raymond Jamous et Gérard Lenclud"*, il semble opportun de définir ce que nous entendons par mensonge:

Mentir: tromper, pervertir les faits afin d'en tirer un bénéfice.

Cette définition, qui n'est pas tirée du dictionnaire, nous semble correspondre à notre idée du mensonge, ceci pour que le lecteur la confirme ou l'infirme. Précisons toutefois que le concept de bénéfice n'empêche pas de considérer les mensonges dits gratuits, pour le simple plaisir, qui est déjà un bénéfice, de mentir, ou de tromper un auditoire.

Toutefois, il nous semble faux l'idée, promue depuis Platon et jusqu'aux théoriciens actuels, que l'art est un mensonge. Comme l'ont montré les expériences de l'École d'Oxford, pour qu'il y ait mensonge, ou vérité, il faut qu'il y ait un postulat. Or, si bien les récits (jusqu'aux gestes médiévales et aux narrations contemporaines) découlent historiquement et dans leurs séquences des mythes, cela n'implique pas que, parce que le mythe est un mensonge (en cela que produit par une caste qui cherche à en obtenir un pouvoir), les dérivations du mythe soient également des mensonges.

Le patriotisme du génial Dostoïevsky, ou de l'ensemble des auteurs du XIXème siècle (de Balzac à Nietzsche, en passant par Daudet ou

Maupassant), est plutôt la conséquence d'une bêtise consensuelle. Comme l'antérieur monarchisme des auteurs du XVIIIème siècle comme Rousseau ou Voltaire. De même les histoires de Saints, et les apologies religieuses chez Boccace ou Chaucer. De fait, c'est parfois même l'expression de soumission à une bêtise imposée par les forces sociales externes à l'auteur, chez les philosophes de l'Illustration. Mensonge donc si l'on veut, ou impossibilité de sortir de la masse. En outre, le mensonge imposé (comme celui, archétypal, de Galilée par exemple) ne nous semble pas très pertinent d'étudier pour notre analyse, car il implique plus la relation de soumission, une fois encore, à des forces externes, d'un réel problème génétique (onto ou phylo) de fabrication.

D'autre part, et plus généralement (d'un point de vue, donc, méthodologique), consécutivement aux mentionnées expériences de l'École d'Oxford, si, pour qu'il y ait ou non mensonge, est nécessaire un prédicat originel, il nous semble que les oeuvres d'art ne sont ni vraies ni fausses, mais bien à part de cette dichotomie axiologique. Malgré ce que les artistes eux-mêmes ont cru, une fois encore de Platon à nos jours, par exemple dans la fameuse idée développée par le nicaraguayen Sergio Ramírez du "*mensonge croyable*" (dans son ouvrage *Mentiras verdaderas*, 2001), où il pose l'inversion (préalablement rencontrée chez Ricardo Pasos Marciaq pour justifier l'usage du roman dans la représentation des héroïnes de l'histoire nationale) qui voudrait que l'oeuvre littéraire (et par conséquent artistique) soit un mensonge utilisé pour essayer de trouver la vérité (il faut préciser que cette idée se développe dans un milieu où l'histoire officielle a été marquée par une réécriture perpétuelle par les dictatures successives au pouvoir), nous affirmons que l'oeuvre d'art ne ment pas, car elle ne prétend pas dire la vérité. Concrètement, personne n'a jamais prétendu que Jean Valjean, Oliver Twist, Bilbo le Hobbit ou Harry Potter sont des personnages réels. La question de la réalité historique des aventures des dieux et des héros semi-divins de l'antiquité rentre, comme nous l'avons dit, dans un autre cadre: celui, originellement, du mensonge créateur des mythes pour accéder au pouvoir, par conséquent, il doit s'étudier comme une preuve sociale des perversions idéologiques, alors que les dérivations et laïcisations des mythes (que nous avons abondamment étudié, en particulier dans notre ouvrage *Mythes*, 2001, et dans notre section "*Cultura Logia*" du *Nuevo Amanecer Cultural* de *El Nuevo Diario*, 2005-2008) rentrent dans le second cadre proposé de bêtise consensuelle.

1.a. L'idée de la tromperie comme stratégie de survie et de pouvoir

1.a.a. Deux éclaircissements préalables
1.a.a.a. Sur l'identité entre l'homme et l'animal

> *"Les langues ont toujours du venin à répandre."*

Avant de commencer notre entreprise de révision de la pensée contemporaine, il nous semble important, afin d'éviter toute interprétation erronée, et de préciser notre point de vue d'observateur, de dire très clairement que nous sommes convaincus de la descendance animal de l'espèce humaine.

Nous sommes également convaincus, et pour cela surpris que ce principe s'utilise si peu dans les sciences humaines, de la nécessité, pour comprendre les actions des hommes, de les comparer à celles de animaux.

On n'en citera que deux exemples, suffisants pour notre propos: la sistématicité chez les jeunes hommes du monde entier, et, dans les pays comme le Nicaragua, chez l'ensemble du groupe des mâles, d'ouvrir amplement les jambes lorsqu'ils s'assoient, afin de montrer, comme les babouins ou, en général, les grands singes, pour bien montrer leur appareil génital (symboliquement chez les hommes, puisque le pantalon le cache).

De même, on connaît la pratique (ironiquement la plus dangereuse, puisqu'au moment d'un incendie ce seront les derniers à pouvoir sortir, à moins d'avoir un hélicoptère sur le toit) internationale et jusqu'à nos jours de réserver les étages les plus hauts des édifices aux cadres supérieurs et aux chefs d'entreprises.

1.a.a.b. Sur la question morale et le mensonge

"Contre la médisance il n'est point de rempart."

Nous ne voudrions pas non plus qu'on nous lise en pensant que nous poursuivons ici une intention morale de quelque sorte que ce soit, liée à la critique des vices, dont l'un serait le mensonge, par opposition aux vertus, entre lesquels l'on trouverait la Vérité.

Pour le dire clairement, et succinctement, à l'instar de Durkheim, nous ne croyons pas qu'il existe une loi qui est un rôle moral en soi, nous croyons, au contraire que toute construction morale sert à justifier des usages et des structures voulues (mais, contrairement à l'idée marxiste, ou positiviste, non obligatoirement nécessaires) d'une époque et d'une société donnée.

Nous croyons par conséquent, non seulement, comme l'expose Durkheim dans ses articles sur le crime, qu'il n'y a pas de crime en soi (le cannibalisme est accepté par de nombreuses sociétés, et l'inceste également, puisque nous en avons des preuves encore au XIXème siècle européen: *"Lady Catherine hésita une seconde, puis reprit:/ − L'engagement qui les lie est d'une espèce particulière. Depuis leur tendre enfance, ils ont été destinés l'un à l'autre. Ce mariage était notre vœu le plus cher, à sa mère et à moi. Nous projetions de les unir alors qu'ils étaient encore au berceau. Et maintenant que ce rêve pourrait s'accomplir, il y serait mis obstacle par une jeune fille de naissance obscure, sans fortune, et complètement étrangère à notre famille?... N'avez-vous donc aucun égard pour les désirs des siens, pour son engagement tacite avec miss de Bourgh? Avez-vous perdu tout sentiment de délicatesse, tout respect des convenances? Ne m'avez-vous jamais entendu dire que, dès ses premières années, il était destiné à sa cousine?"*, *Orgueil et Préjugés*, cap. LVI, Traduition de V. Leconte et Ch. Pressoir, Paris, Plon, 1932, en outre dénuder sa tête face à l'idole, le souverain ou le drapeau ne devraient pas être des crimes punis sévérement selon l'idée que l'homme contemporain civilisé se fait du libre arbitre individuel) et que la punition sert à renforcer les liens du groupe plus qu'à châtier la culpabilité, mais encore que la cause du crime est le châtiment, plus que l'inverse, et que le crime agit comme tabou pour distinguer ceux qui peuvent le commettre, les puissants et les groupes complexes comme les États (ou personnes juridiques ou morales), des individus simples (ou personnes physiques) qui ne peuvent pas le faire (le cas, souvent évoqué, et jamais compris complètement, de la différence entre la guerre et l'assassinat en est la preuve paradigmatique).

Notre inquiétude n'est en conséquence pas ici éthique, mais épistémologique, croyant que, si nous nous trompons - volontairement ou pas - sur la nature de l'acte de mensonge, il est peu probable que nous en entendions les causes et les sources. Raison centrale du présent travail.

1.a.b. La tromperie comme mode de développement social

> *"Mon Dieu! Le plus souvent l'apparence déçoit.*
> *Il ne faut pas toujours juger sur ce qu'on voit."*

Toutefois, dans ce cadre, les biologiques et les éthologues semblent d'accord pour considérer aujourd'hui que le mensonge est une ressources de survie des diverses espèces, en milieu naturel, considération que, par conséquent ils étendent au monde humain.

Citons les exemples de l'échange d'articles entre Raymond Jamous ("*Mensonge, violence et silence dans le monde méditerranéen*", *Terrain*, 1993, n° 21, pp. 97-110) et Gérard Lenclud ("*Mensonge et vérité. À propos d'un article de Raymond Jamous*", *Ateliers d'Anthropologie*, Laboratoire d'Ethnologie et de Sociologie Comparative, 1999, No 33, http://ateliers.revues.org/8201?lang=en), l'article, plus explicite encore, de Laurent Daillie ("*La Logique du Mensonge - Mais pourquoi sommes-nous aussi menteurs?*", *NéoSanté*, No5, Octobre 2011):

"En effet, le mensonge est une invention de Mère Nature absolument remarquable qui, depuis la nuit des temps, a déjà sauvé la vie à des milliards de milliards d'individus!.. Cette stratégie consistant à mystifier la réalité peut, par exemple, permettre à une souris de sauver sa peau en simulant la mort afin que le chat qui l'aura attrapée ne cherche plus à la tuer. Ou encore à une oiselle d'essayer de sauver sa nichée en simulant une blessure à l'aile afin que le prédateur s'intéresse plutôt à elle et qu'ainsi il s'éloigne du nid.

Sans oublier tous ces animaux de la création adeptes du mimétisme qui, grâce à leurs couleurs ou à leur forme, peuvent se rendre invisibles pour, autant que possible, échapper à leurs prédateurs: eux aussi sont de merveilleux menteurs.

Et que dire des chats qui hérissent leurs poils afin de paraître plus gros qu'ils ne sont; ou des diodontidea (une espèce de poisson) qui se gonflent d'eau jusqu'à tripler de volume; ou encore des moutons qui s'organisent en une masse compacte pour faire croire qu'ils sont un gros animal?.. Que dire de ces animaux sinon qu'ils sont de fieffés menteurs.

Pour bien des créatures vivantes, mentir est une nécessité absolument vitale car la mystification de la vérité pour passer inaperçu ou dissuader le prédateur est pour beaucoup d'animaux leur seule chance de survie. Et bien sûr, il en va de même chez l'Humain qui, lui aussi, est bien souvent obligé d'inventer de petits ou gros mensonges en solution parfaite pour s'éviter de plus ou moins graves ennuis, et parfois même la mort dans des cas extrêmes.

Car il ne faut jamais oublier que notre cerveau considère toujours l'éventualité d'une sanction en termes de rejet ou de violence comme potentiellement mortelle, et qu'il nous manipule en permanence très habilement pour que nous l'évitions, en nous invitant par exemple au mensonge entre autres stratégies.

En règle générale, le fait de mentir sous-entend d'abord et surtout que nous avons peur, que nous nous sentons en danger d'une manière ou d'une autre. Et cela démontre aussi que nous sommes parfaitement normaux et idéalement intelligents. Car, finalement, il faut être franchement stupide pour dire la vérité lorsqu'on sait par avance que cela nous vaudra une sanction: cela frise le masochisme.

Nous sommes certainement les créatures les plus menteuses de tout l'univers: il nous arrive même de nous mentir à nous-mêmes! Nous mentons tout le temps, le plus souvent pour ne pas déplaire à l'autre et éviter sa sanction ou son désamour. Mais nous mentons aussi très fréquemment pour ne pas nous sentir coupables de faire de la peine à l'autre. Et il nous arrive même parfois de mentir pour nous mettre en valeur et donc pour séduire l'autre.

Quant aux personnes à qui l'on ment, elles doivent comprendre qu'au fond des choses, on les considère donc - à tort ou à raison - comme potentiellement dangereuses. Nous pensons - à tort ou à raison - qu'elles ne sont pas capables d'accueillir la vérité et qu'elles nous sanctionneront, d'une manière ou d'une autre.

En tout cas, réjouissez-vous si vos enfants vous mentent: cela démontre finalement combien ils sont en bonne santé psychique. Et si vous voulez vraiment qu'ils puissent vous dire toute la vérité, et rien que la vérité, alors engagez-vous tout simplement à ne pas les sanctionner, quelle que soit la vérité."

Ou bien encore l'ouvrage de 982 de Claude Lagadec intitulé *Dominances - Essai de sociobiologie sur l'inégalité et la tromperie* (Longueuil, Éditions Le Préambule):

"Le thème de la tromperie qui apparaît dans le sous-titre de cet ouvrage est développé dans le chapitre VIII par une hypothèse selon laquelle ce que nous appelons la pensée humaine ou la conscience de soi serait un sous-système asservi au gène et essentiellement trompeur. En ce sens, et d'un point de vue biologique, l'expression de conscience fausse serait un pléonasme, et c'est par définition que la conscience serait fausse et trompée." (p. 17)

"Rien, dans cette interprétation, n'autorise le réductivisme positiviste, ou scientisme non critique, qui prétendrait que «ceci n'est que cela», et que la morale humaine n'est que sottise et illusion. La morale humaine est une chose sur laquelle la science actuelle est sans prise; la morale n'est pas l'obligation, elle ne connaît pas la loi ou la norme, mais seulement l'avis, le conseil ou la recommandation. La morale ne relève pas du savoir objectif mais d'un savoir d'un autre ordre, facile à constater mais multiforme et malaisé à circonscrire. C'est le savoir de l'immense expérience humaine, le savoir de la sagesse peut-être, celle d'un Salomon par exemple, celle de ces Juifs qui déposaient leurs péchés dans un bouc dit «émissaire», et le chassaient dans le désert. La morale, c'est le savoir qui a créé l'étonnante common law anglaise. C'est le savoir de l'artiste en nous tel que le concevait Nietzsche, c'est notre sens poétique, notre sens mystique, c'est le savoir qui inventé les mensonges d'Ulysse et le courage d'un Morgentaler.

Bien loin de pouvoir être imposée comme norme, la morale, comme telle, ne peut même pas s'enseigner. On peut tout au plus en faciliter l'apprentissage, par exemple en multipliant les connaissances objectives qui accroissent le sens critique. À ce sujet, on peut souhaiter que les cours dits de «morale», donnés dans nos écoles, fassent connaître davantage l'histoire de la norme. La meilleure chose qui pourrait arriver à un cours de «morale» donné dans une école catholique serait d'inclure une étude détaillée de l'histoire de l'Église.

Ce n'est pas que les turpitudes des Alexandre VI et des Jules II, vétilles aux yeux de l'histoire, présentent un grand intérêt par elles-mêmes, mais elles appartiennent à l'histoire de la norme humaine, et comme telles seraient précieuses dans la formation du sens moral du croyant.

La norme, d'autre part, et le sens humain de la norme, sont autre chose que la morale, et c'est la sociobiologie qui nous permet de le comprendre. Montrer d'où l'on vient ne prescrit pas où l'on va. Rien dans la démarche objectivante qui montre l'origine animale de l'homme et décrit le fonctionnement normé des comportements humains par la théorie de l'évolution, ne permet d'exclure à priori tout autre éclairage ou toute autre interprétation. Je n'en disconviens pas, tout ceci sera peut-être interprété à son tour et autrement. Mais je dis seulement que l'évolutionnisme nous fait comprendre que nous avons été programmés pour respirer et pour avoir peur, être agressifs et nous sentir coupables, faire l'amour et aimer nos parents et nos enfants, à une certaine époque de la vie tout au moins. Et je prétends de plus que ces jugements qui précèdent ne relèvent pas d'un jugement moral, ou n'en relèvent pas entièrement. C'est par une évaluation objective, quantifiable et falsifiable, que l'on peut identifier dans ces conduites, ces valeurs et ces normes, la qualité de SES qui procure un avantage darwinien dans l'histoire des vivants. Lorsque cette évaluation montre le caractère fonctionnel de l'amour des parents, de la xénophobie du groupe ou de l'inégalité sociale, elle ne peut aucunement décréter que ces conduites ne sont que cela et exclure d'avance toute autre interprétation que l'on pourrait leur opposer ou leur adjoindre. L'évaluation dit seulement que ces conduites sont ou ont été utiles, à un certain moment et jusqu'à un certain point, au-delà duquel elles pénalisent l'individu ou le groupe.

J'ai une norme pour mes proches, et une autre pour mes concitoyens; une pour mes collègues de travail, et une autre pour mes concurrents; une pour mes voisins immédiats, et une autre pour leur voisins. Cette norme humaine est fondamentale, et relève du plus ancien atavisme. Quand nous étions primates vivant de cueillette et de chasse il y a un ou deux millions d'années, quand nous étions reptiles et quand nous étions océaniques, c'était là l'une des premières normes que nous avons apprises, et que la sociobiologie appelle «le principe de xénophobie»: tout étranger au groupe est bandit ou butin, prédateur ou proie, canine ou viande. La vie sociale commence là. Cette règle très ancienne s'exerce dans toute la série infinie des groupes auxquels j'appartiens: je suis blanc, mâle, adulte, urbain, nord-américain, instruit, salarié, et beaucoup d'autres choses encore, et se retrouve sous forme de traces indélébiles dans la pratique de tous les jours. Toute philosophie reconnaît le droit à la guerre au moins défensive contre l'étranger; une constitution n'accorde d'habitude la plénitude des droits au citoyen que vers ses 18 ans; et la plupart des religions disent au prosélyte, comme saint Marc le disait (16,15-16), «d'aller enseigner toutes les nations, et que celui qui croira et sera baptisé sera sauvé, celui qui ne croira pas sera condamné»." (Lagadec, pp. 94-95)

"Dans toute l'histoire de la vie, la tromperie, le simulacre efficace, le mimétisme et la fraude sont omniprésents. Depuis la parade nuptiale du coq de bruyère et les vertus du caméléon jusqu'aux mensonges d'Ulysse, l'évolution n'est qu'un long défilé où le succès du plus apte à se reproduire est assuré en partie par sa plus grande aptitude à paraître ce qu'il n'est pas. Le tétras du Montana gonfle son jabot magnifique, poche pectorale d'une contenance de 4 à 5,5 litres, pour séduire sa belle (1, 332). Le concours de beauté est apparemment vital. Le coucou pond ses œufs dans le nid d'autres espèces incapables de les discerner des leurs; dans certaines variétés le jeune coucou éclot de l'œuf avant les petits de ses hôtes, et à peine né précipite un à un tous les autres œufs hors du nid; ce clandestin est un assassin né. Certains cas d'homosexualité impliquent des simulacres et sont adaptatifs; la pseudo-monte entre mâles du singe macaque exprime le rang social. Chez le poisson sud-américain Polycentrus, la femelle dépose ses œufs sur la partie inférieure des objets immergés, puis le mâle résident vient les féconder. Mais certains mâles subordonnés changent de couleur en imitant la robe de la femelle gravide, pénètrent sur le territoire qui leur est normalement interdit comme pour aller pondre, et «volent» ainsi une fertilisation au mâle dominant en déposant leur semence sur les œufs déjà accumulés. Cas de travestisme au service de l'hétérosexualité, dit Wilson (1, 22). Cas banal de supercherie récompensée, ajouterons-nous. Le Décameron de Boccace n'a vraiment rien inventé.

Certains papillons se protègent contre les oiseaux en prélevant des corps chimiques qu'ils trouvent dans les plantes, et qui, à l'origine, protégeaient les plantes contre les insectes prédateurs. Ces papillons dissuadent ainsi les oiseaux de les manger en les dégoûtant. Par la suite, d'autres papillons développent des formes semblables aux premiers, et, bien qu'inoffensifs, sont également protégés des oiseaux (La Recherche, 204). Beaucoup de fleurs attirent les abeilles qui leur servent d'organes sexuels dans la pollinisation. Des orchidées qui ne sont pollinisées que par les mâles de certaines abeilles vont jusqu'à imiter l'abeille femelle par la structure de leurs fleurs, ce qui suscite chez le mâle les mouvements d'accouplement qui faciliteront la pollinisation (*La Recherche*, 208). Le texte ajoute que c'est non seulement la forme de la femelle qui est imitée, mais aussi son odeur particulière, qui varie selon les espèces.

Ce que nous, les hommes, appelons la tromperie n'est finalement qu'une variété d'imitation, de duplication, celle qui ne confirme pas la conscience comme présence à soi, comme origine du sens. Mais au royaume de la reproduction, la pensée est le premier des cosmétiques, une façon de reproduire qui modifie uniquement l'état interne du vivant, sans entraîner d'effets réels dans le milieu extérieur. Ce qui en fait l'instrument idéal de la dominance du groupe et de la hiérarchie sociale sur l'individu. Le contraire de la tromperie c'est la vérité, et c'est au nom de la vérité que notre pensée condamne si sévèrement le mensonge; mais comme la vérité n'est que l'ensemble des règles reçues dans le troupeau, un processus d'authentification de la norme, il s'ensuit que l'effet réel de la tromperie est de permettre aux gènes de se reproduire sans se préoccuper de la pensée, tout en l'utilisant pour assurer la cohésion sociale. Le gène et la société réussissent là où la pensée individuelle échoue parce que la pensée sépare le corps de lui-même.

C'est le rôle même de l'intelligence humaine que de simuler, au double sens que j'utiliserai désormais, de reproduire et de dissimuler, de répéter en faisant semblant, d'engendrer par tromperie. Et nous savons que le grand crâne améliore la capacité de tromper (Dawkins, 202). L'intelligence permet à l'animal de simuler un rapport avec son environnement sans avoir à exécuter la performance réelle. L'intelligence modifie l'intérieur du système de la bête en simulant l'action que l'extérieur peut avoir sur elle: par l'intelligence l'extérieur devient une variable intérieure. C'est bien ainsi que la cybernétique, dans ses recherches sur l'intelligence artificielle, définit l'activité cognitive. Minsky disait, en parlant des machines intelligentes et des robots:

Si une créature peut répondre à une question portant sur une expérience hypothétique, sans nécessairement exécuter la performance réelle de cette expérience, c'est que la réponse est obtenue par le concours de quelque sous-machine à l'intérieur de la créature. L'output de cette sous-machine (représentant la réponse exacte), aussi bien que l'input (représentant la question), sont nécessairement des descriptions codées des événements ou classes d'événements correspondants extérieurs. Vue à travers ces deux canaux d'encodage et de décodage, la sous-machine agit comme l'environnement (Minsky, 149).

L'auteur ajoute que des machines de cette sorte auront quelque répugnance à accepter l'idée qu'elles ne sont que de «simples machines». Elles se penseront doubles.

La parole humaine qui dit la pensée est essentiellement prédicative, on le sait, mais aussi prédicatrice: elle enseigne comment simuler l'extérieur dans l'intérieur, comment reproduire l'effet que l'extérieur peut avoir sur l'organisme, mais en ne modifiant que ses états internes de perception et sans altérer le corps lui-même. Ce que l'animal ne peut pas ou ne peut pas encore faire, il peut le penser et le dire, il peut donc l'enseigner. Penser et parler, c'est toujours enseigner la description du monde agréée par le groupe. Comme dit l'adage américain: "If you can, do, if you can't, teach." Fais-le si tu peux, sinon contente-toi de l'enseigner, pense et parle, cela n'a pas grande importance autre que de dressage de l'auditeur, parce que ce qui pense en toi est une sous-machine asservie et trompée." (Ibid., pp. 100-101)

"Revenons à la sociobiologie. Du 28 novembre au 2 décembre 1977, 25 spécialistes de philosophie, anthropologie, psychologie expérimentale, biologie, sociologie et autres disciplines, se sont rencontrés à Berlin dans un «atelier» discutant des valeurs morales en rapport avec la sociobiologie. Leurs interventions et discussions ont été publiées dans Morality as a Biological Phenomenon. The Presuppositions of Sociobiological Research *(Stent, 1980). La question posée par cet ouvrage porte sur la possibilité d'identifier des rudiments de la moralité humaine par l'examen des conduites animales. On ne peut résumer ici l'ouvrage, mais seulement donner quelques exemples indicatifs de la très grande diversité des approches et des interventions, en même temps que de la complexité du problème.*

H. Kummer de l'université de Zurich recherche ce qu'il appelle des «analogues» de la morale humaine chez les primates, et n'en trouve pas. Les conduites examinées (partage de nourriture, sexualité, infanticide de congénères, et autres), le portent à conclure que l'interprétation biologique classique demeure valide: dans le monde animal chaque individu semble «égoïste» et maximise ses intérêts génétiques. On ne voit donc pas d'ébauches ou de rudiments de morale humaine chez les primates. Et l'on ne voit surtout pas comment une telle morale a pu émerger au cours de l'évolution à partir de ces comportements de primates puisque toute tendance qui se manifesterait en ce sens serait autodestructrice. Dans une société d'égoïstes la génerosité n'est jamais payante et ne peut que réduire les chances de reproduction des gènes de l'altruiste.

N. Bischof, aussi de Zurich, après avoir remarqué que toutes les sociétés humaines connaissent des jugements approbateurs, constate cependant qu'il ne semble pas y avoir chez les humains de principe moral général duquel toutes les formes concrètes de moralité pourraient être déduites, tout comme il n'y a pas d'«instinct général» ou d'«animal général». Il remarque plusieurs analogues du mensonge dans le monde animal, mais à l'intérieur de limites étroites, ce qui lui fait supposer que des facteurs opérant en sens contraire sont aussi à l'œuvre, facteurs qui n'ont pas encore été identifiés.

Le psychiatre F. A. Jenner note que le chien peut développer un «superego» et manifester de la culpabilité et de la jalousie, mais ajoute que la grossièreté des modèles neurophysiologiques actuels les rend inaptes à expliquer la conduite morale humaine.

Le philosophe T. Nagel de Princeton signale combien la conduite morale est dépendante du processus cognitif. «La biologie peut nous montrer des amorces perceptuelles et motivationnelles de l'action morale, mais on ne voit pas de connexion avec le processus cognitif qui les transcende» (Stent, 204)." (Ibid., p. 128)

1.b. Les erreurs méthodologiques de la prémisse

> *"La vertu dans le monde est toujours poursuivie.*
> *Les envieux mourront, mais non jamais l'envie."*

1.b.a. L'homme plus intelligent agit, par le fait même de son intelligence supérieure, qui le différencie, selon les modèles des êtres qui lui sont inférieurs

Ces exemples et citations serviront, croyons-nous, suffisamment pour n'avoir pas à en présenter d'autres, de l'idée générale que notre époque semble se faire de la tromperie comme une valeur positive du développement humain.

Nous n'insisterons pas ici, sinon pour le noter simplement, sur la contradiction méthodoligique basique, qui consiste à considérer que, si les animaux mentent, l'homme aussi, preuve de son intelligence supérieure, alors même que, selon la prédication faite, il ne fait en cela que reproduire un processus des êtres qui, supposémment, lui sont inférieurs en tout:

"C'est le rôle même de l'intelligence humaine que de simuler, au double sens que j'utiliserai désormais, de reproduire et de dissimuler, de répéter en faisant semblant, d'engendrer par tromperie. Et nous savons que le grand crâne améliore la capacité de tromper (Dawkins, 202)."

Nous ne savons pas bien à quoi se réfère Lagadec, lorsqu'elle expose, à continuation:

"L'intelligence permet à l'animal de simuler un rapport avec son environnement sans avoir à exécuter la performance réelle. L'intelligence modifie l'intérieur du système de la bête en simulant l'action que l'extérieur peut avoir sur elle: par l'intelligence l'extérieur devient une variable intérieure."

Si, au contraire, tout son ouvrage n'offre, comme preuve et justification de la tromperie, que celle des animaux, pour se représenter celle des hommes. Nous avons cité le passage sur les caméléons.

Citons encore celui-ci, pour démonstration:

"Accompagnant l'anisogamie et la polygamie, le dimorphisme est la troisième facette de la dominance sexuelle. D'une façon générale, le mâle est plus grand, plus lourd et plus fort que la femelle. Il est aussi plus agressif. Cette règle qui comporte de nombreuses exceptions s'applique néanmoins à la plupart des espèces. L'anisogamie, universelle chez les animaux, fait que c'est ordinairement le mâle qui fait la cour et qui développe les traits propres à convaincre l'objet de ses attentions: plumage rutilant, force et adresse, cornes, panache. Le sexe qui fait la cour d'une manière active est celui qui investira le moins dans l'ensemble des activités et des énergies requises par la reproduction. C'est habituellement le mâle, dont la stratégie est de persuader l'autre sexe qu'il possède les meilleurs gènes. Ce qui donne occasion au séducteur moins bien pourvu qu'un autre de faire comme s'il l'était davantage: la tromperie est ici d'essence. La stratégie de la femelle doit donc être faite de réserve, d'attente, et du prolongement de la parade nuptiale propre à permettre au candidat effectivement le mieux avantagé de se démarquer des autres.
Ce qui donne lieu à une sélection sexuelle dont Darwin avait déjà fait état, soit que le sexe à qui l'autre fait la cour choisisse sur une base individuelle le séducteur le mieux

pourvu, soit qu'il attende qu'un vainqueur se dégage des luttes entre mâles, susceptibles de désigner le candidat le plus apte." (pp. 57-58)

1.b.b. De l'utilité du mensonge dans la société humaine, comparée à son utilité dans les sociétés animales: le cas concret du mensonge social

Nous préférons nous attarder sur le fait que l'idée de la dérivation du mensonge, comme élément utile de survie, entre, similairement, les animaux et les hommes, part d'un second *a priori*, implicite, mais faux: que nous serions toujours, nous les hommes, dans une société de nécessité.

Or ce n'est pas le cas. Nous ne sommes plus dans le cosmos de Nature depuis longtemps. Les raisons en sont obscures, mais les effets indéniables.

Par conséquent, il est curieux de supposer que ce qui est bon et certain dans le cosmos de Nature, l'est obligatoirement, par choc en retour, non par superposition exacte du modèle, mais par son extrapolation apparemment logique, dans le cosmos de Culture.

Nous nous expliquons et en offrons un exemple concret. On nous dit que nous mentons pour diverses raisons, et cela est bien vrai:

"Nous mentons tout le temps, le plus souvent pour ne pas déplaire à l'autre et éviter sa sanction ou son désamour. Mais nous mentons aussi très fréquemment pour ne pas nous sentir coupables de faire de la peine à l'autre. Et il nous arrive même parfois de mentir pour nous mettre en valeur et donc pour séduire l'autre."

Toutefois, si nous acceptons la prémisse, correcte, de la similitude entre les parades sexuelles des hommes et celles de animaux (coloration des zones d'attraction, ou de centralisation de l'attention du partenaire, élaboration et décoration de soi et de l'entourage,...), il nous semble beaucoup moins légitime, méthodologiquement, d'assumer, emphatiquement, que le mensonge pour ne pas faire de la peine soit, d'abord, une technique d'origine animale, ensuite, une preuve de notre propention à mentir avec des fins visibles.

"C'est le terme arabe de kizb que nous traduisons par mensonge. Dans un usage courant, il désigne, comme en français, toute assertion sciemment contraire à la vérité et il existe de nombreuses circonstances où l'on dénonce et condamne cette manière de parler et de se comporter. Mais il est des situations où l'on sépare l'acte de mentir de la condamnation dont il peut être l'objet par ailleurs. Le mensonge apparaît alors comme un fait de relation sociale. Il est un acte reconnu, qui se présente comme tel, qui a ses formes propres. Il informe les paroles et gestes de la vie publique et quotidienne. On doit le saisir comme un échange entre partenaires où chacun sait qu'il «ment» et que l'autre «ment». De sorte que le mensonge n'en est pas vraiment un. Il ne s'agit pas simplement de tromper, d'induire en erreur. On provoque, on défie l'autre, on l'invite à faire une réponse analogue. Savoir apprécier le mensonge, savoir répondre sur le même ton, doit se pratiquer dans le milieu social villageois ou urbain." (Jamous, p. 100)

Toutefois, cette fausse bonne idée découle d'un nouvel *a priori* totalement faux: il faudrait qu'on nous démontre, alors qu'on nous l'affirme sans plus, que le mensonge social provoque un effet bénéfique sur celui qui le produit.

Il est évident que, sous certaines circonstances, par exemple pour les auteurs de la Renaissance, faire l'apologie du mécène au début de l'ouvrage, par voie de dédicace soumise, était nécessaire, et apportait un effet direct. Mais cela était dû à une circonstance préalable: la nécessité et la peur.

Dira-t-on que l'animal, le canin en particulier, lorsqu'il se couche à terre en exposant son appareil génital au dominateur, non plus pour en montrer la puissance et la grandeur, mais pour exprimer l'absence de danger, ment? Il nous semble que sa soumission est d'autant plus réelle que sa peur du dominant est concrète.

Cette action est donc aussi comparable à celle de la main ouverte ou du salut des chevaliers médiévaux lorsqu'ils remontaient la visière de leur heaume.

À présent, demandons-nous si la personne qui ment, par omission, n'insultant pas son voisin parce qu'il est obèse, ou nain, ou sent fort, ou bien parce qu'il souffre d'une maladie ou d'un handicap qui le différencie beaucoup de la norme, y gagne quelque chose. La réponse évidente est non.

L'action de mentir, qui existe bien, du moins pour ne pas dire à l'autre ce qu'il est réellement, est un non acte ou un acte vide, en cela qu'après avoir été produit, il laisse l'ensemble social dans le même état que s'il n'avait jamais existé.

Par conséquent, il nous semble, non seulement faux méthodologiquement, mais en outre, par conséquent, une perte de temps de s'attarder sur un non acte, dont l'effet n'a aucun pouvoir bénéfique sur celui qui le produit afin de démontrer que ledit acte a une fonction réelle dans le développement social du groupe.

C'est un peu reprendre la pure expérience rhétorique de l'École d'Oxford avec la carte de visite (qui portait sur une face que ce qui était écrit au revers était faux, alors que l'autre face portait l'indication qu'elle disait au contraire la vérité), résolue par une argutie épistémologique qui convenait que, pour faute de description préalable sur aucune des faces d'aucun postulat (ou, pour le dire en termes cornéliens, faute de combattants), aucune des deux affirmations ne pouvait être ni vraie ni fausse. Dans le même sens, comment déduire d'un acte sans effets, la plupart des fois, sur le sujet qui le produit les possibilités d'amélioration de la situation individuelle ou collective des groupes dans lesquels ce type d'actions est produit?

La politesse et la courtoisie, pour complexes qu'ils peuvent devenir et plaisant que puisse en être l'étude, n'apportent aucune notion de développement social, si ce n'est en sens de changement de moeurs, mais cela n'est pas opérant quant aux développement productif ni technique, ou à l'amélioration des conditions de vie. À moins que, là encore, l'on veuille à tout prix affirmer qu'éviter le conflit soit un acte qui provoque évolution ou révolution. Toutefois, l'on sait que, d'une part, les principales sociétés ont, en particulier à l'époque moderne, voir la thèse de Weber, pu atteindre un niveau d'expansion colonial grâce aux guerres plus que par la recherche de la paix, comme aujourd'hui les États-Unis maintiennent leur pouvoir, à l'image de leur Mère-Patrie au XIXème siècle dans ses guerres coloniales, sortant de l'une pour entrer dans l'autre.

D'autre part, les changements de mode, de relations entre les sexes n'ont jamais produit d'amélioration particulière (même si l'on en excepte la libération sexuelle, mais elle n'est pas vraiment l'image d'une relation courtoise ou de flirt entre les sexes) dans la société. L'on serait bien en peine d'indiquer en quoi le passage de l'amour courtois à l'amour bourgeois, ou aux rencontres du XXème et du XXIème siècles aurait marqué une évolution économique, politique, productive, technique ou technologique. Nous n'intégrons, évidemment, pas dans ce concept d'évolution le fait de savoir si, dans les processus d'héritage, les femmes ont pu ou non en tirer en bénéfice grâce aux changements de moeurs et de lois à partir du XXème siècle, car nous ne partons pas non plus de l'idée que les successions ou les rentes (au centre, par exemple, des ouvrages de Jane Austen, en cela révélateurs de la situation et des tensions de la nouvelle classe la bourgeoisie rurale) soient des produits qui aident au développement social. Pour nous, elles servent plutôt, conformément à l'idée marxiste, à reproduire un modèle agrodépendant qui existe, sous diverses formes, et selon diverses modalités selon les pays et les époques, depuis la Révolution néolithique.

2. Le mensonge et la supposée évolution sociale: vers une anthropologie du mensonge

> *"La vertu dans le monde est toujours poursuivie;*
> *Les envieux mourront, mais non jamais l'envie."*

À présent, nous essaierons donc de confirmer ou d'infirmer l'idée que l'humanité a eu un bénéfice quelconque dû au mensonge au travers des siècles.

2.a. Le mensonge comme acte individuel
2.a.a. Chez les animaux

Il est reconnu par tous, et les citations antérieures nous semblent le prouver suffisamment, que le mensonge, pour se protéger ou pour tromper sa proie (du caméléon aux grands singes, en passant par les félins et les canins, dont nous offre un très bel exemple littéraire la première partie de *Croc-Blanc*) n'est d'usage qu'individuel ou pour l'intérêt immédiat de groupes réduits (les chiens de priairie, coyotes, etc., s'unissant pour chasser, comme dans la narration de *Croc-Blanc*, et sortir du groupe le plus faible, le plus vieux, le plus jeune, le moins expérimenté ou le plus lent).

Il est aussi par tous reconnus, comme nous permet d'ailleurs de le noter, comme nous l'avons fait chez Lagadec, la contradiction logique produite par la comparaison entre société humaine (du cosmos de Culture) et animale (du cosmos de Nature), que les sociétés animales n'ont pas évolué, par opposition à celle des hommes. On pourra se demander pourquoi.

Une raison pourrait bien en être que, précisément, dans le cosmos de Nature, chacun vit pour soi, les ressources du mensonge y sont donc plus utiles que dans la société des hommes. Nous ne parlons pas d'un point de vue moral, qui ne nous intéresse pas au premier chef ici, mais d'un point de vue simplement évolutif.

Nous rappelons encore une fois la prémisse sur laquelle est mis l'accent par les théoriciens contemporains: le mensonge est un outil irremplaçable dans la Nature, donc par extension inductive, il l'est aussi dans l'évolution de la société humaine.

Ce qui implique une double supposition: d'une part, nous l'avons dit, que la société humaine est identique, encore aujourd'hui, à l'animal. Ce qui est faux, puisque là où les animaux vivent dans un régime de survie permanent, l'homme vit dans un système régi par le superflux (la culture, la technique et la techonologie, l'argent qui est devenu une fin en soi, alors qu'il n'est en réalité qu'un moyen), que révèle notre totale incapacité, du moins pour la plus grande partie des hommes des siècles présents, d'être auto-suffisant, de savoir chasser, pêcher, construire un toit, reconnaître les plantes, se protéger du froid, ou du danger, en y échappant ou en s'en défendant. Nous ne possédons ni griffes, ni pelage, ni dents affilés, notre poids est un inconvénient même pour les plus maigre, notre capacité générale, comme espèce, en saut, en course, et en capacité à supporter des charges est pour beaucoup en-dessous de celle de n'importe quelle autre espèce connue.

D'autre part, que les relations interpersonnelles définissent l'évolution de l'espèce, ce qui est un motif présent, mais là non plus pas prouvé, par les philosophes phénoménistes (Hobbes, Locke) et de l'Illustration (Montesquieu, Rousseau), qu'ils reprennent de Grotius, et qu'accepte le XIXème siècle, notamment au travers de Marx et Engels, lorsqu'ils posent comme un acte de foi que l'individu, sans que l'on sache vraiment bien pourquoi ni comment, être essentiellement auto-suffisant (aussi bien contre les dangers extérieurs comme pour subvenir à ses propres besoins), devient à un moment non défini un autre être, appeuré celui-ci des dangers extérieurs (dont on déduit donc qu'originellement ils n'existaient pas) et sans capacité pour substiter seul. Ces deux éléments (un être originellement sans nécessités à couvrir, et sans ennemis - cas d'Adam au Paradis -) nous informent, soi-dit en passant, l'origine biblique et génésique, du modèle.

Toutefois, alors que l'éthologie même nous montre que, pour l'identité entre les systèmes sociaux des mammifères supérieurs et celui de l'homme, il est probable que ce dernier ait toujours vécu en groupes, raison pour laquelle nos modèles actuels souffrent encore du grégarisme pyramidal originel, rien ne démontre, au contraire, que les relations interpersonnelles, qui donc ne se sont pas créées, puisqu'elles existaient depuis toujours, ont eu un effet contingent (soit corrélatif, c'est-à-dire au moins de contemporanéité, soit causal) par leur apparition avec ou dans l'évolution humaine. Nous l'avons montré pour le cas du mensonge social ou courtoisie.

2.a.b. Chez l'homme
Cependant, là où l'animal rencontre un intérêt immédiat au mensonge (techniques de disparition, d'intimidation ou érotique, comme le font les plantes pour se reproduire grâce aux butinage qu'elles provoquent

en attirant et produisant des substances utiles et nécessaires à d'autres espèces, animales celles-ci), on peut sans difficulté énumérer chez l'homme aussi les bénéfices immédiats du mensonge.

Comme le fait très bien Lagadec, on peut y voir, de manière générale, l'intention d'obtenir le pouvoir, absolu, immédiat, total.

De manière plus subtile, on peut aussi y reconnaître, comme contrepartie de l'antérieure, la nécessité de se faire bien voir, d'obtenir un poste, une faveur, un objet convoité,... Ou, au contraire, pour tromper un ennemi (à la guerre), vaincre un adversaire (en amour et au travail), minimiser la valeur d'un opposant ou d'une personne haïe (à l'école, en particulier, dont la conséquence sociale est le *bullying*).

Les moyens de la tromperie sont multiples. Nous les connaîssons tous, pour les avoir mis en oeuvre ou en avoir souffert. Il n'est pas de notre propos de les énumérer. Chacun pourra bien s'en faire la liste la plus exhaustive qu'il lui plaira. Molière, en France, nous en donne le symbole universel, à travers de Tartuffe (dont proviennent toutes les épigraphes en français des parties du présent texte), à tel point que le nom en est devenu le synonyme international du trompeur malintentionné. Ce pourquoi l'on dira que son portrait en est à peu près exact. Nous en satisfaisant pour nos fins.

2.b. Le mensonge comme acte collectif

> *"Le scandale du monde est ce qui fait l'offense.*
> *Et ce n'est pas pécher que pécher en silence."*

2.b.a. Le mensonge et sa fonction d'usage: bénéfice ou désavantage?

La question est à présent de savoir si, en vérité, le mensonge, dans tous les aspects de la vie quotidienne, politique, économique, morale, institutionnelle, et même privée (le cocufiage par exemple) apporte ou non un modèle de valeur ferme et fixe au développement et à l'évolution humaine.

Dit autrement, nous accordons de bon gré, car cela n'aurait aucun sens de ne pas le faire, que le mensonge individuel apporte des avantages immédiats et médiats évidents. De fait, sa permanence lui donne le poids de son effet et sa justification sinon morale, du moins de fonction.

Comme on le sait, personne ne se présentera sous son aspect normal à un premier rendez-vous.

La question est si, identiquement, comme le supposent, par un saut épistémologique direct, les théoriciens actuels, le mensonge offre un avantage pour l'espèce comme groupe.

Il nous semble, là encore, que la réponse, plus encore à notre époque, est très nette. Non!

On le voit dans tous les domaines: qui pourra affirmer sérieusement que les mensonges d'abord, puis les accommodements des scientifiques et des industriels, par conséquent des politiques corrompus, face au désastre du réchauffement global nous apporte, à nous ou à la planète qui nous soutient, un avantage quelconque, comme espèce ou comme individus?

Mettons de côté un instant la morale de bon ton, de concours de beauté, selon laquelle les guerres sont mauvaises, ainsi que l'inégalité entre les hommes, et toute action qui va contre le bien-être des plus faibles, en identité de droits que les forts et les compétents pour survivre.

Moquons-nous, avec raison (biologique) et avec joie (perverse) de la disparition des espèces qui ne sont pas la nôtre.

Mais, n'est-ce pas avant tout, maintenir les ressources de notre planète, un acte de survie individuel et collectif, plus qu'une position morale? Al Gore nous compare, comme espèce, et avec raison, à la grenouille que l'on met dans une casserole d'eau tiède, et qui, portée à ébullition, ne sautera pas hors du récipient (à différence de celle qui, hors de l'eau, sentant l'eau bouillante, ne s'y mettra jamais). Soit, mais cela n'explique pas, par la pensée qui nous est dit-on propre, la raison qui provoque cette apathie.

La raison, on le sait, n'en est pas, comme pour la grenouille, seulement biologique, elle en est aussi morale, et économique. Mais comme la plume face aux armes, malgré ce qu'on en dit, l'excuse morale perd vite la bataille contre l'intérêt économique.

Il ne nous importe pas de savoir si survivront nos enfants, du moment que l'ébullition n'est pas encore trop forte pendant que nous vivons encore.

Les pays les plus pollueurs, comme les États-Unis, non contents de remettre toujours à plus tard l'interdiction des gaz fossiles, achètent en outre la conscience des pays plus petits, comme le Nicaragua, pour que ceux-ci assument dans les statistiques mondiales un pourcentage du taux de pollution produit réellement aux États-Unis. S'y prêtent donc les deux: le dominateur et le dominé.

Les scientifiques qui ont nié consécutivement les effets du tabac sur la santé, puis, entre autres, de l'effet de serre et du réchauffement global, nous mettent face à la question de l'impartialité et du sérieux de nos communautés scientifiques en général.

La question, évidemment, n'est que rhétorique de savoir si ces accords, ces dessous-de-table et ces mensonges servent ou non, non aux individus qui les produisent et les utilisent, pour des fins sans aucun doute possible, nous l'avons dit, personnelles réussies, mais aux sociétés qui les subissent, c'est-à-dire à l'espèce. On nous concédera, ou du moins nous le supposons, avec bon gré, comme nous avons accepté le fait des fins concrètes du mensonge pour les individus, que pour l'espèce, dans le cas concret, le mensonge dessert fortement à court, moyen et long termes.

Nous supposons, pour ne pas faire beaucoup plus long, qu'on nous concédera la même conclusions quant aux phénomènes de la misère généralisée et de la guerre.

Dit autrement, si la misère du plus grand nombre (dans toutes ses modalités, dont l'absence de Sécurité Sociale, et donc d'accès aux soins médicaux) a bien un effet positif pour les plus riches, au niveau de l'espèce, l'esclavage comme la pauvreté n'ont qu'un seul effet au niveau de l'espèce: l'impossibilité de développement (que ce soit physiquement par les épidémies, ou culturellement, nous voulons dire ici aussi industriellement et technologiquement par l'absence d'accès correct à l'éducation, et par conséquent l'impossibilité de favoriser le développement de possibles génies ou, plus modestement, spécialistes compétents qui, en d'autres circonstances, auraient pu être diagnostiqués pour le plus grand avantage de la société qui les tue dans l'oeuf).

En outre, si l'on voudra sans doute nous opposer le cas de fourmis et des abeilles, nous rappellerons que nous ne contredisons pas, pour notre part, l'idée que les sociétés peuvent vivre dans le totalitarisme, et l'esclavagisme, mais nous constatons, l'exemple de ces sociétés animales le démontre, que ces états ne favorisent aucun développement de l'espèce.

Il faudra sans doute à présent définir notre concept de développement: disons-le donc plus clairement, pour nous l'idée de développement intègre au moins trois éléments. Le bien-être de chacun des membres du groupe, ce que nos sociétés, grégaires, n'ont pas réussi à produire. L'expansion de l'espèce, ce que nous avons produit sans plus grande difficulté (mais grâce à la médecine, pas à la pauvreté, grâce à la science, non par l'ignorance). Le respect, par conséquent, de l'autre, qui inclut les autres espèces, lesquels soi-dit en passant nous sont indispensables, comme source de nourriture, comme matériel de construction ou comme fournisseurs d'oxygène et protecteurs contre les changements atmosphériques.

Revenant au cas du réchauffement global, on sait suffisamment que la déforestation mondiale a provoqué l'assèchement de la planète, et les écroulements de terrains, qui tuent à chaque saison pour des raisons différentes de nombreuses personnes (on citera, de nouveau au Nicaragua, les innondations qui provoquent la disparition de maisons, et parfois de leurs habitants lors de la saison des pluies).

Il n'est pas si simple d'affirmer que si l'humanité ne prend pas en compte les autres espèces elle ne peut pas, éthiquement, prendre soin d'elle-même, puisque, pour le dire en termes psychologiques inversés, pour s'aimer bien il faut comprendre la souffrance de l'Autre, mais l'on peut au moins postuler que, la surpopulation provoque, comme le montrent les oeuvres d'art et notamment la littérature (le XIXème siècle russe, Kafka) contemporaines, l'anonymat de l'individu, ce qui, dit autrement, a une bonne conséquence, la libéralisation des moeurs, puisque le groupe se distend et n'est plus sur les décisions individuelles voulant les régir, mais en même temps il devient amorphe, et c'est là l'aspect négatif, et ne se préoccupe plus de ceux qui le peuplent et, par trop grand nombre, perdent leur visage et leur personnalité.

De la même manière, la souffrance devient abstraite (comme la guerre autour du monde, représentée dans les films états-uniens, mais jamais vécue par le pays, ce qui lui permet de la considérer comme normale et de la vouloir, puisqu'elle ne lui coûte réellement rien, l'image du vétéran étant la justification, fausse, morale, de l'intrusion et la permanence dans d'autres contrées, puisqu'on sait que dans toutes ses guerres depuis le Vietnam les États-Unis n'ont jamais eu que de relativement faibles pertes humaines de leur côté, à la différence des peuples envahis), raison pour laquelle, du moins, la souffrance animale, entendue comme perte d'espèces, n'est pas non plus sentie. Peut-être ce désintérêt pour la cause non humaine n'est-elle pas significative quant au dédain pour la cause humaine, c'est même probable, mais elle permet au moins de mettre ce dernier en évidence.

Or l'on sait aussi que, sans nous référer là non plus à la morale, mais à la survie de l'espèce, que l'expansion non contrôlée de la nôtre, non seulement provoque la disparition des autres, mais aussi l'anéantissement des ressources naturelles (de minéraux pour produire les éléments électroniques, les mémoires et les produits de conservation de données, de bois et de carburants pour le chauffage ou la locomotion, d'eau, et d'espace suffisant pour pouvoir continuer à produire notre propre bétail, nous réservant un futur d'insectivores, comme nous le proposent les spécialistes les plus optimistes).

La surpopulation a, en sus, des effets immédiats, très directs et concrets sur l'ensemble des individus, c'est-à-dire sur l'espèce.

Elle implique et produit la réduction spatiale. Pas en sens moral ("*On est trop nombreux*", "*Ce qu'il faudrait aux jeunes générations, c'est une bonne guerre*", "*Il n'y a pas de travail pour tout le monde*", ou la *Modeste proposition* de Swift), mais en sens:

1. Numérique, évident, puisque tout espace fermé (comme l'est la terre) a une résistance limitée à un nombre qui augmente exponentiellement. On le sait de diverses manières: par l'épuisement des ressources naturelles, mais aussi par les phénomènes, présents depuis le XIXème siècle, de ghettisation, d'entassement et de diffusion d'infections épidémiques de manière récurrente, dans les villes et les grands centres urbains (c'est déjà hors de la ville que cherchent à se protéger de la peste les personnages du *Décaméron*); surpopulation qui provoque, comme l'a, indirectement, démontré l'expérience de 1962 de John B. Calhoun l'apparition de la violence extrême entre les individus, qui peut terminer par l'extinction presque totale du groupe:

"*In the celebrated thesis of Thomas Malthus, vice and misery impose the ultimate natural limit on the growth of populations. Students of the subject have given most of their attention to misery, that is, to predation, disease and food supply as forces that operate to adjust the size of a population to its environment. But what of vice? Setting aside the moral burden of this word, what are the effects of the social behavior of a species on population growth-and of population density on social behavior?*
Some years ago I attempted to submit this question to experimental inquiry. I confined a population of wild Norway rats in a quarter-acre enclosure. With an abundance of food and places to live and with predation and disease eliminated or minimized, only the animals' behavior with respect to one another remained as a factor that might affect the increase in their number. There could be no escape from the behavioral consequences of rising population density. By the end of 27 months the population had become stabilized at 150 adults. Yet adult mortality was so low that 5,000 adults might have been expected from the observed reproductive rate. The reason this larger population did not materialize was that infant mortality was extremely high. Even with only 150 adults in

the enclosure, stress from social interaction led to such disruption of maternal behavior that few young survived.

With this background in mind I turned to observation of a domesticated albino strain of the Norway rat under more controlled circumstances indoors. The data for the present discussion come from the histories of six different populations. Each was permitted to increase to approximately twice the number that my experience had indicated could occupy the available space with only moderate stress from social interaction. In each case my associates and I maintained close surveillance of the colonies for 16 months in order to obtain detailed records of the modifications of 'behavior induced by population density.

The consequences of the behavioral pathology we observed were most apparent among the females. Many were unable to carry pregnancy to full term or to survive delivery of their litters if they did. An even greater number, after successfully giving birth, fell short in their maternal functions. Among the males the behavior disturbances ranged from sexual deviation to cannibalism and from frenetic overactivity to a pathological withdrawal from which individuals would emerge to eat, drink and move about only when other members of the community were asleep. The social organization of the animals showed equal disruption. Each of the experimental populations divided itself into several groups, in each of which the sex ratios were drastically modified. One group might consist of six or seven females and one male, whereas another would have 20 males and only 10 females.

The common source of these disturbances became most dramatically apparent in the populations of our first series of three experiments, in which we observed the development of what we called a behavioral sink. The animals would crowd together in greatest number in one of the four interconnecting pens in which the colony was maintained. As many as 60 of the 80 rats in each experimental population would assemble in one pen during periods of feeding. Individual rats would rarely eat except in the company of other rats. As a result extreme population densities developed in the pen adopted for eating, leaving the others with sparse populations.

Eating and other biological activities were thereby transformed into social activities in which the principal satisfaction was interaction with other rats. In the case of eating, this transformation of behavior did not keep the animals from securing adequate nutrition. But the same pathological "togetherness" tended to disrupt the ordered sequences of activity involved in other vital modes of behavior such as the courting of sex partners, the building of nests and thq nursing and care of the young. In the experiments in which the *behavioral sink developed, infant mortality ran as high as 96 percent among the most disoriented groups in the population. Even in the absence of the behavioral sink, in the second series of three experiments, infant mortality reached 80 percent among the corresponding members of the experimental populations."* (Calhoun, "*Population Density and Social Pathology*", *Scientific American*, 206, 2, février 1962, p. 139)

2. Par conséquent, physique: l'ensemble des transports en commun (bus, train, avion) n'offrent plus de sièges qui puissent contenir le corps entier d'une personne, à tel point que les bras, partagés entre deux passagers, desdits sièges (notamment dans les trains et les avions) ne sont pas non plus de la largeur d'un bras humain, moins encore donc de deux côte à côte.

3. Et de qualité: alors que le coût du voyage en avion augmente sans cesse (restant encore de luxe ce type de transport, puisqu'il implique non seulement le voyage mais le logement à l'étranger, et ainsi, dans des sociétés, comme la française, pour ne pas parler du Tiers-Monde, où la plus grande partie de la population vit d'emplois-jeunes, souvent sans ne l'être plus, qui représentent un tiers du salaire minimum, donc sur des revenus plus proches du RMI/RSA que du SMIC, comme encore au XXIème siècle beaucoup n'ont jamais été à la mer, plus encore n'ont jamais pris l'avion), le nombre des places d'avion augmente, se réduisant l'espace individuel de la largeur des sièges et de leurs bras. À présent, il est de coutume que les files soient triples (de chaque côté de l'avion, plus une autre au centre) de rangées de sièges à leur tour doubles et triples, rendant compliqué l'entrée, la sortie et le passage dans des couloirs réduits entre chaque file, par exemple pour aller aux toilettes.

4. De même, autre exemple de perte de qualité de vie globale, alors que les pommes, les pommes de terre, les tomates et les carottes, entre autres sont des fruits et légumes qui peuvent avoir à peu près toutes les couleurs primaires et secondaires, et même les non couleurs (rouges, jaunes, bleues, violettes, vertes, oranges, blanches, ou noires), la nécessité de nourrir de grandes populations et la practicité a imposé ou favorisé que les producteurs et distributeurs se centrassent sur un seul type de chacun de ces produits, le plus résistant, oubliant et provoquant la disparition des autres, plus fragiles. Il va sans dire que ceux élus pour être popularisés dans le monde comme unique modalité de la plante (les carottes oranges, les tomates rouges, les pommes de terre jaunes, les pommes rouges, jaunes et

que personne n'a voulu le voir. S'il est vraiment, comme la société veut nous le dire, le plus grand peintre car celui qui se vend (ou se vendait) le plus cher, comment explique-t-on qu'il n'en ait jamais profité?

Cas unique nous dira-t-on. Et bien non. Le Nicaragua, encore, est plein d'auteurs auto-édités, cependant reconnus comme les Patriarches de la littérature nationale, et même hispanoaméricaine: Darío, bien sûr, mais aussi Alfonso Cortés, pour n'en citer que deux. En France, nous connaissons les vies tragiques de Chateaubriand, Balzac, Poe, ou l'auto-publication d'un Lamartine.

On nous dira que faire taire, ou passer sous silence, ce qui revient au même le génie, n'est pas un acte de mensonge. Nous disons que cela l'est. Et nous soutenons qu'en plus cela est un désavantage pour la société.

N'a-t-elle pas, notre société, obligé Galilée à se rétrarquer et à mentir pour ne pas finir, comme tant d'autres, de Savonarole à Bruno, sur le bûcher?

C'est bien la même société, qui, de l'Inquisition au nazisme, qui de Darwin au maccartysme, qui de Jack London dans les États-Unis puritains de son époque à la Révolution culturelle et aux Khmers rouges, s'est systématiquement, et avec la même rage, dédiée à brûler le plus de livres qu'elle a pu, à détruire les oeuvres d'art et d'architecture.

Pourquoi l'a-t-elle fait? La réponse est là: pour préférer vouloir continuer à lire et voir l'histoire et le monde comme bon lui plaît, par mensonge, ou pour éviter de reconnaître qu'elle se ment et qu'elle nous ment.

Lorsque cette société brûle les livres de Marx, elle produit d'innombrables films pour nous dire que le communisme est dangereux.

Lorsqu'elle attaque et bat les *sitters* de Wall Street, elle génère trois films pour valider la bourse: Margin Call de 2011 de J.C. Chandor, *Red Dawn* de 2012 de John Milius et *Batman - The Dark Knight Rises*, également de 2012, de Christopher Nolan.

La société s'excuse en se créant des idéologies pour se confirmer qu'elle a raison là où elle a tort.

Comme la société des rats, on le verra, elle promeut et récompense les actions négatives: le vol, la tricherie, le nationalisme et sa forme première le grégarisme aveugle comme on l'apprend à l'armée (avec cette pyramide fameuse: Dieu, la Patrie, le Président) et comme l'exposent les Grandes Écoles dans leur bizutage, le népotisme (chaque fois qu'un citoyen profite de sa situation pour ouvrir les portes d'une institution ou d'un emploi à un proche).

L'histoire nous indique donc que les groupes ne progressent pas, ce sont de rares individus qui les font progresser, trop souvent contre la volonté même de ces groupes. Pourtant, ceux-ci se vantent de ce qu'ils n'ont pas fait. À l'inverse, les sociétés n'acceptent pas leur responsabilité dans la création de monstres (les innumérables citoyens qui, dans les dernières années, en France comme aux États-Unis, dans des pays en crise, se décident à tuer tous ceux qu'ils trouvent sur leur chemin dans les écoles et les mairies, comme l'exprime le personnage de Sue Snell, camarade de classe de Carrie, dans la version de 2013 du film par Kimberly Peirce: "*Carrie White had hopes and fears, and we pushed her... and you can only push someone so far before they break.*"), dans la formation (audiovisuelle, sociétale, par le libre accès aux armes à feux, comme l'expose Michael Moore dans *Bowling for Columbine*, 2002), ou du terrorisme (par la systématique apologie patriotique).

On n'espérera pas du bandit qu'il soit honnête, puisque sinon son Être-en-Soi, du moins son office est le mensonge et la tromperie, la vilainie, mais il est surprenant de voir la Loi recourir à ces mêmes moyens.

Pourtant, on en obtient la preuve directe, non seulement en France, où, malgré le fait qu'un droit reconnu comme primordial est le droit à la justice et que son cas ne soit pas nié *a priori*, article 122 du *Code de procédure civile*: "*Constitue une fin de non-recevoir tout moyen qui tend à faire déclarer l'adversaire irrecevable en sa demande, sans examen au fond, pour défaut de droit d'agir, tel le défaut de qualité, le défaut d'intérêt, la prescription, le délai préfix, la chose jugée*", les Bureaux d'Aide Juridictionnelle (seulement là pour attribuer aux personnes un avocat sur conditions de ressources) ont la coutume de refuser des cas pour les raisons les plus variées (qu'ils ne comprennent pas le contenu de la demande ou que les pièces complémentaires envoyées par les justiciables sont arrivées avec du retard), le pire étant que ces décisions sont irrévocables (et quand elles ne le sont pas, l'appel ne sert jamais à rien), mais plus clairement encore aux États-Unis, dans lesquels, malgré l'action de The Innocence Project, les différents États ont rendu chaque fois plus compliqué l'accès des condamnés à mort aux tests d'ADN.

Depuis 1973, 121 personnes ont été sorties du Couloir de la Mort après que soient apparues des preuves de leur innocence, alors que dans le même temps furent exécutés en tout 982 personnes, ce qui revient à dire qu'au moins un quart des condamnés à mort est potentiellement innocent (http://deathpenaltycurriculum.org/student/c/about/arguments/argument 3a.htm).

Mais, alors que 45 condamnés ont été innocentés depuis les années 2000 au Texas, cet État a renforcé par trois fois les conditions des tests ADN, depuis l'approbation de la "*post-conviction DNA testing law*" de 2005, à tel point que, condamné à mort en 1995 pour l'assassinat de sa fiancée et des deux enfants de celle-ci, Hank Skinner n'a, malgré ses nombreuses demandes et appel, jamais obtenu jusqu'en 2011 l'autorisation de se faire un test ADN pour prouver son innocence (Brandi Grissom, "*DNA Exonerations Continue, but Not for One Man*", *The Texas Tribune*, 5/11/2011).

En outre, huit États: l'Alabama, l'Alaska, le Massachusetts, le Mississippi, l'Oklahoma, la Caroline du Sud, le Dakota du Sud et le Wyoming, n'ont pas de loi permettant à un condamné de se faire un test d'ADN (Sophia S. Chang, "*Protecting the Innocent: Post-Conviction DNA Exoneration*", *Hastings Constitutional Law Quarterly*, Vol. 36-2, p. 286).

Ce qui nous informe du fait que, pour la société, le dédit d'un juge est pire et vaut plus que la mort d'un condamné innocent. On connaît l'exemple sinistre de Roland Agret, fondateur d'Action Justice, en France.

L'attitude des rats dans une situation de nécessité nous permet de prévoir cette absence de valeurs altruistes chez les hommes: face à la nécessité d'aller chercher la nourriture sous l'eau, les rats les plus habiles pour nager vont chercher la nourriture et la rapporte à l'intérieur du groupe qui les leur vole. En d'autres termes, les nageurs deviennent les pourvoyeurs ("*suppliers*") des plus forts et des plus sournois (voir les expériences mises en place par Anne-Marie Toniolo).

Il apparaît ainsi que la société ne s'organise pas par champ d'expertise partagée et dont les efforts communs au et dans le groupe lui permet d'évoluer, mais bien de manière anarchique et individuelle, les efforts des plus compétents pourvoyeurs ou Transporteurs Ravitailleurs se résolvant en efforts vains pour empêcher les Non Transporteurs, fixes et les plus nombreux, de s'approprier de leurs succès, ceci s'associant à une baisse significative du transport et du partage par les Transporteurs Autonomes ou pourvoyeurs qui arrivent à échapper à l'avarice des autres (dit autrement, en une perte d'apport supplémentaire de compétence ou de fiches, pour les hommes, ou nourriture, pour les rats, au groupe):

"*Ces résultats montrent tout d'abord que dans le contexte d'une compétition (ici à caractère ludique) il est possible d'induire chez des sujets humains une différenciation dans les comportements d'acquisition d'une ressource alors que celle-ci peut être obtenue de plusieurs manières. De plus, on constate que certains sujets optent pour l'appropriation de cette ressource alors qu'elle est déjà possédée par certains de leurs partenaires. Rappelant fortement les profils observés chez les rats dans la situation de difficulté d'accès à la nourriture, trois profils comportementaux ont émergé. Les sujets Non-Transporteurs s'approprient leurs jetons non pas par l'épreuve psychomotrice mais par le «vol» à la suite d'une interaction victorieuse au jeu de Puissance 4®. Les autres individus sont les Transporteurs. Ils obtiennent préférentiellement les sachets de points par l'épreuve psychomotrice. Certains de ces individus parviennent à conserver leurs jetons: on peut les assimiler à des Transporteurs Autonomes. Les autres subissent régulièrement des défis et les perdent à l'issue du jeu de Puissance 4®: ce sont des Transporteurs Ravitailleurs. Les interactions entre les différents individus commencent à apparaître de façon spécifique dès la deuxième séance. De la troisième à la cinquième séance, la plupart des interactions se font entre les Transporteurs Ravitailleurs et les Non-Transporteurs: ceci montre que les rôles, au sein du groupe sont bien établis et reconnus. On peut supposer qu'au cours des premières séances, chaque individu a évalué ses propres capacités au fil ainsi que les compétences de chacun au jeu de Puissance 4® lors des défis lancés en direction des autres membres du groupe. Il a ainsi adapté son comportement en fonction des capacités des sujets rencontrés. Selon leur habileté à l'épreuve psychomotrice, les individus vont plutôt adopter la stratégie de type Non-Transporteur ou Transporteur. Selon leurs échecs ou leurs victoires au jeu de Puissance 4®, les individus Non-Transporteurs vont privilégier les défis contre des individus qu'ils parviennent à battre, ce qui crée la différenciation entre les Transporteurs Autonomes et les Transporteurs Ravitailleurs. Il apparaît clairement que l'apparition de la structure sociale au fil des séances se fait sur la base de la représentation que chaque sujet a de ses propres capacités tant au niveau de l'épreuve psychomotrice que du jeu de Puissance 4® ainsi que des capacités des autres membres du groupe, démontrant la place prépondérante des facteurs cognitifs d'ordre social dans ce phénomène (Adolphs, 2001; Takahashi, 2005). En ce qui concerne la répartition des différents statuts entre la quatrième et la cinquième séance, environ la moitié des individus n'ont pas changé de statut comportemental. Par contre, le nombre de Transporteurs Ravitailleurs chute de 15 à 7 avec une augmentation simultanée du nombre de Transporteurs Autonomes et de Non-Transporteurs cependant peu efficaces. Ces variations laissent à penser que ces sujets ne sont pas bien adaptés à l'issue de la 4ème séance et vont acquérir un rôle différent lors de la séance suivante, mieux adapté ou non, et vraisemblablement toujours sur la base de facteurs cognitifs. Enfin, chez le rat, l'évaluation d'un certain nombre de caractéristiques individuelles permet de prédire avec une bonne fiabilité (96%) le rôle que ces individus adopteront en situation de contrainte (Desor, 1994), ce qui n'a pour l'instant pas été fait dans le modèle humain. Le but des prochains travaux sera alors de tenter de réaliser une opération similaire sur les sujets humains soumis à cette situation."* (Didier Desor, Henri Schroeder et Anne-Marie Toniolo, *"Induction expérimentale d'une différenciation sociale chez l'homme"*, *Acta-Cognitica - Colloque de l'Association pour la Recherche Cognitive - ARCo'07 – Cognition, Complexité*, Vandoeuvre-les-Nancy, Institut national polytechnique de Lorraine, 2007, pp. 43-44)

On l'a dit, la même situation se présente, cette fois non dans le cadre ludique mais de l'accès à la nourriture, chez les rats:

"*Dans le domaine de l'étude du comportement social du rat, le modèle de difficulté d'accès à la nourriture représente sans aucun doute une situation expérimentale qui est originale par rapport aux modèles habituellement utilisés du fait de l'effectif du groupe (n = 6) et par conséquence du très grand nombre d'interactions possibles entre les individus (Colin & Desor, 1986; Krafft et al., 1994). Le principe du test est d'obliger le rat à quitter la cage d'habitation et à nager en apnée le long d'un aquarium d'une longueur de 1,50 m, jusqu'à une mangeoire où il ne pourra obtenir qu'une croquette de nourriture à la fois. L'aquarium est au final complètement immergé, la hauteur de l'eau étant de 25 cm. De ce fait, pour attraper une croquette de nourriture, le rat ne peut pas prendre appuis sur le sol. Il arrive à se dresser dans l'eau, ce qui lui permet de saisir une croquette de nourriture avec la gueule et les pattes avant mais il est dans l'impossibilité de pouvoir la consommer sur place. Il est donc contraint, pour pouvoir manger cette croquette, de la ramener dans la cage d'habitation. Dans ces conditions, l'immersion progressive de l'unique voie d'accès à la mangeoire va induire au sein d'un groupe de 6 rats une différenciation comportementale entre des animaux Transporteurs (T) qui plongent et ramènent la nourriture et des rats Non Transporteurs (NT) qui ne plongent jamais et obtiennent leur nourriture en la volant aux Transporteurs. La situation évolue vers la disparition de comportements agressifs ouverts tels que les combats, et une très grande régularité et une très grande prédictibilité des comportements observées. Ce phénomène de différenciation sociale permet donc au groupe de s'adapter face à l'apparition d'une nouvelle contrainte dans son environnement alors que seuls certains membres du groupe ont directement accès à la source de nourriture.*

Le dispositif expérimental est constitué d'une cage d'habitation grillagée reliée par un tunnel à un aquarium fermé. Une porte coulissante commande l'accès à l'aquarium à l'extrémité duquel se trouve un distributeur unitaire de croquettes. Il est important de noter que le tunnel joue un rôle crucial dans la structuration des relations au sein du groupe. En effet, c'est un lieu privilégié pour des échanges d'informations. Toutes les catégories sociales (T et NT) se retrouvent en cet endroit où arrivent les Transporteurs qui ramènent la nourriture de la mangeoire. C'est également à ce niveau que l'on peut observer des séquences comportementales émises par les NT dirigées vers les T pour les inciter à plonger et à aller chercher la nourriture.

Le protocole qui mène à la structuration du groupe comporte 3 phases: 1) la familiarisation, qui permet aux animaux de s'habituer au nouvel environnement et de localiser la nourriture (elle se déroule dans le dispositif à sec), 2) la phase de différenciation qui voit l'aquarium se remplir progressivement, et 3) la phase d'immersion complète de l'unique voie d'accès à la mangeoire qui permet de stabiliser les statuts sociaux.

L'analyse statistique révèle 3 statuts sociaux différents, le statut T pouvant être subdivisé en deux sous-types, Transporteurs Autonomes (TA) ou Transporteurs Ravitailleurs (TR). Les TA sont définis comme des individus qui plongent, ramènent une croquette et la consomment dans la cage en repoussant efficacement les attaques des congénères, alors que les TR se font rapidement voler la nourriture par un NT. Comme il a été mentionné précédemment, la spécialisation des individus dans l'un des 3 profils, NT, TA ou TR, s'accompagne d'une diminution du nombre et du caractère agressif des échanges relatifs à la possession de nourriture ainsi que d'une

orientation de plus en plus précise de ces comportements agonistiques vers les porteurs de nourriture. Ceci souligne que, pour chaque individu, l'acquisition des connaissances relatives à son environnement social contribue à sa spécialisation en tant que NT, TA ou TR. Dans l'état actuel de nos connaissances, il semble que la différenciation sociale soit le fruit de comportements modulés par le niveau individuel d'anxiété exprimé face à deux types de contraintes: l'eau et les congénères. Ainsi, les TA sont des individus qui surmontent les deux types de contraintes; les TR ne surmontant que la contrainte liée à l'eau et les NT que celle relative au contexte social (Desor, 1994; Schroeder & Desor, 2005)." (Ibid., pp. 34-35)

L'analyse des rats confirme notre propos:

"5.1.1. Le caractère systématique de la différenciation.

<u>*Analyse éthologique:*</u> *Plusieurs centaines de groupes de 6 rats ont été expérimentés à ce jour: seule une proportion infime (moins de 2%) ne se sont pas différenciés.*

<u>*Analyse des résultats de simulation:*</u> *A l'issue d'une simulation, le groupe d'agents se divise en deux sous-groupes: le premier est constitué d'agents qui ont tendance à plonger*

rapidement et à perdre leurs combats (anxiété et force faibles). Le second est constitué d'agents avec une anxiété importante et une force élevées: ils ne plongent pas et parviennent à satisfaire leurs besoins en volant la croquette aux autres agents. Cette séparation en deux groupes comportementaux a été validée statistiquement par analyse factorielle [Thomas 02]

5.1.2. La constance dans les proportions respectives des différents types.

Analyse éthologique: Dans les groupes de 6 rats, les proportions de Transporteurs et de Non-Transporteurs sont toujours très proches de 50%.

Analyse des résultats de simulation: Sur 100 simulations conduites, deux états globaux du système ont pu être observés: un état global constitué de 3 agents transporteurs et 3 agents non transporteurs qui apparaît dans environ 60% des cas et un autre état global constitué de 4 agents non transporteurs et 2 agents transporteurs qui intervient dans environ 40% des cas.

.../...

Si on constitue des nouveaux groupes à partir d'individus tous antérieurement différenciés en tant que Transporteurs, ces nouveaux groupes se redifférencient immédiatement: des "néo-Non-Transporteurs" apparaissent immédiatement. L'inverse est également vrai.

.../...

Entraînés individuellement dans la situation "piscine", tous les rats deviennent Transporteurs. Si 2 rats affrontent ensemble cette situation, des Non-transporteurs apparaissent dans 10% des groupes. Cette proportion passe à 50 % dans des groupes constitués de 3 rats, à 80% dans des groupes de 4 et à 100% dans des groupes de 6 individus.

.../...

En ce qui concerne le Non-transporteur, on remarque tout d'abord qu'il dirige ses attaques uniquement vers les Ravitailleurs, qu'il est par ailleurs capable d'inciter à plonger. La directionnalité stricte de ces interactions (Non-transporteurs vers ravitailleurs exclusivement), et la distance spatio-temporelle qui en sépare le début de la fin de la séquence complète d'incitation laissent penser que le Non-Transporteur a élaboré une certaine représentation du rôle que le Ravitailleur est susceptible de jouer à son égard, et qu'il est capable d'activer ce rôle. Réciproquement, si on donne au Ravitailleur la possibilité de retourner à la cage par un chemin différent de celui où l'attend le Non-Transporteur qui vient de l'inciter, et si ce chemin le conduit en un endroit inaccessible à *ce dernier, 75% des ravitailleurs testés à ce jour utilisent cette opportunité et peuvent ainsi consommer ce qu'ils ont transporté."* (Christine Bourjot, Vincent Chevrier, Didier Desor et Vincent Thomas, *"Démarche incrémentale pour l'évaluation d'un modèle multi-agent en éthologie"*, http://hal.inria.fr/docs/00/17/07/86/RTF/thomas_-_ARCo-07_-_v5.rtf)

3. Conclusion

"Ningún Dante podría elevar a Gil Blas. Sancho y Tartufo hasta el rincón de su paraíso donde moran Cyrano, Quijote y Stockmann. Son dos mundos morales, dos razas, dos temperamentos: Sombras y Hombres. Seres desiguales no pueden pensar de igual manera. Siempre habrá evidente contraste entre el servilismo y la dignidad, la torpeza y el genio, la hipocresía y la virtud. La imaginación dará a unos el impulso original hacia lo perfecto; la imitación organizará en otros los hábitos colectivos. Siempre habrá, por fuerza, idealistas y mediocres."
(José Ingenieros, *El hombre mediocre*)

Le mexicain José Ingenieros écrivit son ouvrage *L'homme médiocre* en 1913.

Il nous y montre bien les raisons et les mécanismes qui retardent l'évolution de la société, sur laquelle beaucoup se sont interrogés. Au Nicaragua, on pensera au fameux poème *"La terre est un satellite de la lune"* de Leonel Rugama.

Selon Ingenieros, la cause en est celle-ci:

"Platón, sin quererlo, al decir de la democracia: "es el peor de los buenos gobiernos, pero es el mejor entre los malos", definió la mediocracia.../... Siempre hay mediocres. Son perennes. Lo que varía es su prestigio y su influencia. En las épocas de exaltación renovadora muéstranse humildes, son tolerados; nadie los nota, no osan inmiscuirse en nada. Cuando se entibian los ideales y se reemplaza lo cualitativo por lo cuantitativo, se empieza a contar con ellos. Apercíbense entonces de su número, se mancornan en grupos, se arrebañan en partidos. Crece su influencia en la justa medida en que el clima se

atempera; el sabio es igualado al analfabeto, el rebelde al lacayo, el poeta al prestamista. La mediocridad se condensa, conviértese en sistema, es incontrastable.../..."

"El progresivo advenimiento de la democracia, permitiendo la igualdad de los demás, ¿ha dificultado la culminación de los mejores? Es indiferente que se trate de monarquíaso de repúblicas; el siglo XIX comenzó a unificar la esencia de los regímenes políticos, nivelando todos los sistemas, aburguesándolos.

Un pensador eminente glosó esta verdad: la mediocracia no tolera las excepciones ilustres. Si el genio es un soliloquio magnífico, una voz de la naturaleza en que habla toda una nación o una raza, ¿no es un privilegio excesivo -se pregunta- que uno ahueque la voz en nombre de todos? La democracia reniega de tales soberanos que se encumbran sin plebiscitos y no aducen derechos divinos.../...

Sería una verdad inconcusa, definitiva, si el devenir igualitario fuese una orientación natural de la historia y si, en caso de serlo, se efectuase con ritmo permanente, sin tropiezos. Y no es así. No lo ha sido nunca; ni lo será, según parece. La naturaleza se opone a toda nivelación, viendo en la igualdad la muerte; las sociedades humanas, para su progreso moral y estructural, necesitan del genio más que del imbécil y del talento más que de la mediocridad. La historia no confirma la presunción igualitaria: no suprime a Leonardo para endiosar a Panza ni aplasta a Bertoldo para adorar a Goethe. Unos y otros tienen su razón de vivir, ni prospera el uno en el clima del otro. El genio en su oportunidad, es tan ¡reemplazable como el mediocre en la propia; mil, cien mil mediocres no harían entonces lo que un genio. Cooperan a su obra los idealistas que les preceden o siguen; nunca los conservadores, que son sus enemigos naturales, ni las masas rutinarias, que pueden ser su instrumento, pero no su guía."

Entre une personne compétente et un médiocre, nous dit Ingénieros, le médiocre obtient le plus souvent la place. Pour une série de raisons: le médiocre qui est chargé des ressources humaines se reconnaît dans l'autre mieux que dans la personne compétente; le médiocre ne mettra pas en danger le *status-quo* de la médiocrité de l'institution ou de l'entreprise.

Van Gogh, qui n'était pas médiocre, a eu une vie infernale. Ainsi en est-il pour le plus grand nombre.

Le cas nicaraguayen peut, là encore, nous servir de modèle pour comprendre, et valider, l'idée d'Ingenieros, dont d'ailleurs les exemples sont infinis dans tous les domaines (on citera sans fin les chanteurs, acteurs, politiciens, chefs d'entreprises, employés publics ou privés, enseignants universitaires, qui sont là où ils sont non pour leurs mérites, mais pour être le fils ou l'ami de quelqu'un dans la place).

L'un des deux journaux du pays, *La Prensa*, a publié plusieurs articles sur la question du recrutement des employés publics, de leur soumissions au pouvoir (voir ainsi aussi Gisella Canales Ewest, "*"¿Dónde están esos trabajos?"*", 19/2/2011), dont le passage suivant est, pour nous, notables quant à notre propos :

"*Con la economía frágil del país y en un sistema donde las personas no consiguen empleo por sus capacidades profesionales sino por sus contactos políticos o de otra índole, la situación para el asalariado nicaragüense no es fácil, considera Luisa Molina, miembro de la Coordinadora Civil.*" (Eduardo Cruz, "*El empleado público en tiempos de Ortega*", *La Prensa*, 13/10/2013)

"*Avec l'économie fragile du pays et dans un système où les personnes ne trouvent pas d'emploi pour leurs capacités professionelles mais pour leurs contacts politiques ou autres, la situation pour le salarié nicaraguayen n'est pas facile, considère Luisa Molina, membre de la Coordination Civile.*" (La traduction est nôtre.)

Il est évident, nous le savons tous, que cette situation n'est pas, ni n'a jamais été, propre du Nicaragua.

L'on ment pour mettre en place une personne de sa famille, un ami. On connaît suffisamment le scandale des emplois fictifs à la Mairie de Paris. Qui n'est malheureusement pas la seule en France à en créer. On a vu, récemment, comment le fils d'un Président de notre République a été nommé à la tête d'une entité publique, ou comment sous un autre a été brûlée une imprimerie pour éviter que sorte le livre de Jean-Edern Hallier sur sa fille cachée.

Qui dans ces conditions nous dira encore, sérieusement, sans croyons-nous nous avoir approché de la morale, même si nous l'avons touchée du doigt toujours, et frôlée parfois (non par notre faute, précisons, par l'idée que le lecteur avec raison perçoit des conséquences du mensonge sous l'éclairage censé et vérifiable que nous en donnons), mais du point de vue de l'espèce ce que celle-ci gagne à mentir, tromper, et, comme l'une des conséquences, ne pas donner à ceux qui pourraient mieux la mener l'opportunité ni d'apparaître dans le monde où nous vivons, si ce n'est au prix d'une bataille éternelle, qui, là encore, fait perdre au génie des forces inutiles, qu'il pourrait dédier à produire?

Mais, nous dira-t-on, malgré tout, ces génies que nous avons nommés, sont aujourd'hui reconnus, et notre société, a, malgré tout, progressé.

C'est bien vrai. Deux choses seulement. Le malgré tout est le point important de la phrase.

Et le problème ou la question est de savoir combien notre société aurait pu avancer plus encore, par ce don de l'esprit que le hasard ou la nécessité nous a donné, si la société entière ne freinait pas, par bêtise et mensonge, l'avancée de la science et des connaissances, évitant toujours de croire un Galilée ou un Darwin, et se préférant toujours créationiste.

Il nous semble, après cela, avoir fait le tour de notre propos, et pouvoir conclure que le mensonge, s'il est effectivement le nerf de l'activité humaine, n'est au contraire donc, dans aucun de ces aspects, un élément d'évolution sociale de notre espèce, sinon qu'il en est le pire et le plus fréquent et, malheureusement, persistant frein.

Tromperie et mensonge de la proposition de la mobilité laborale comme solution aux problèmes de l'employé et du chômeur

Pour ceux (le pire est que parfois ils se disent socialistes, ou de gauche) qui font mine de considérer la mobilité laborale et la formation continue (dans des voies différentes) comme des éléments positifs pour le travailleur qui ainsi pourrait mieux affronter les défis du chômage et de la globalisation, nous voulons citer Marx dans son ouvrage *Travail salarié et capital* (1849), pour bien montrer que ce mensonge est ancien, et qu'il représente pour le moins, si ce n'est une tromperie délibérée, une erreur de pensée économique grave.

De fait, outre que la mobilité laborale provoque une grande carence de spécialisation, qui se manifeste du point de vue de la pratique (manque de permanence dans l'emploi), la capacité (valeur de compétence propre de l'employé) et de pertinence (le manque de pratique provoquant à son tour le bas niveau de spécialisation et d'"*expertise*") - on voit les dégâts que cela cause dans l'enseignement au Nicaragua (des licenciés en mathématiques donnant des cours de philosophie et faisant des "*postgrados*" en administration, en droit ou en anglais, et par conséquent transmettant aux étudiants leurs incompétences dans la matière qu'en réalité - la philosophie - ils donnent) -, n'est en réalité qu'une forme de plus du capital pour conserver le pouvoir sur le travailleur, rendant celui-ci toujours plus substituible et remplaçable, faisant baisser les coûts par la surcharge d'ouvriers compétents (bien que mal et pauvrement) dans la même matière.

Citant les "*Propositions pour... remédier*" aux fluctuations et baisses de salaire des ouvriers dans l'"*Annexe: Le salaire*", partie C-VI-II, Marx écrit:
"*Une autre proposition très goûtée des bourgeois est l'instruction, tout spécialement l'instruction industrielle générale.*

a. *Nous n'attirerons pas l'attention sur la contradiction absurde qui réside dans le fait que l'industrie moderne remplace de plus en plus le travail compliqué par le travail plus simple et pour lequel aucune instruction n'est nécessaire; nous ne voulons pas non plus faire remarquer qu'elle jette de plus en plus d'enfants dès la septième année derrière la machine et qu'elle en fait des sources de profits non seulement pour la classe bourgeoise, mais aussi pour leurs propres parents prolétaires. Le régime de la fabrique rend vaines les lois scolaires — exemple, la Prusse; nous ne ferons pas non plus remarquer que la culture intellectuelle, si l'ouvrier la possédait, serait sans influence directe sur son salaire; que l'instruction dépend en général des conditions d'existence et que le bourgeois entend par éducation morale le gavage de principes bourgeois, et qu'enfin la classe bourgeoise n'a pas les ressources qu'il faut pour cela et que, si elle les avait, elle ne les emploierait point à offrir au peuple une instruction véritable.*

Nous nous bornerons à envisager un point de vue purement économique.

b. *Le sens réel de l'instruction chez les économistes philanthropes est celui-ci: faire apprendre à chaque ouvrier le plus de branches de travail possibles de façon que, s'il est évincé d'une branche par l'emploi d'une nouvelle machine ou par une modification dans la division du travail, il puisse se caser ailleurs le plus facilement possible.*

Supposons que ce soit possible:

La conséquence en serait que, lorsqu'il y aurait excédent de bras dans une branche de travail, cet excédent se produirait aussitôt dans toutes les autres branches de la production, et que la diminution du salaire dans une branche entraînerait encore plus fortement qu'auparavant une diminution générale immédiate.

Abstraction faite de cela, par le seul fait déjà que partout l'industrie moderne simplifie beaucoup le travail et le rend facile à apprendre, la hausse du salaire dans une branche d'industrie provoquera aussitôt l'afflux des ouvriers vers cette branche d'industrie et donnera plus ou moins directement un caractère général à la diminution du salaire.

Naturellement nous ne pouvons nous arrêter ici aux nombreux petits palliatifs préconisés du côté bourgeois."

Ce qui fait écho à la Vème partie de l'essai, sur la question du machinisme et la compétition des ouvriers entre eux, laquelle termine le texte:

"Le machinisme produit les mêmes effets à une échelle bien plus grande encore en évinçant les ouvriers habiles et en les remplaçant par des ouvriers malhabiles, les hommes par des femmes, les adultes par des enfants; en jetant, là où des machines sont nouvellement introduites, les ouvriers manuels en masse sur le pavé, et là où elles sont développées, améliorées, remplacées par des machines de meilleur rendement, en congédiant les ouvriers par plus petits paquets. Nous avons esquissé plus haut, de façon rapide, la guerre industrielle des capitalistes entre eux; cette guerre a ceci de particulier que les batailles y sont moins gagnées par le recrutement que par le congédiement de l'armée ouvrière. Les généraux, les capitalistes, rivalisent entre eux à qui pourra licencier le plus de soldats d'industrie.

Les économistes nous racontent bien, il est vrai, que les ouvriers rendus superflus par les machines trouvent de nouvelles branches d'occupation.

Ils n'osent pas affirmer directement que les mêmes ouvriers qui ont été congédiés trouveront à se caser dans de nouvelles branches de travail. Les faits hurlent trop fort contre ce mensonge. À vrai dire, ils affirment seulement que pour d'autres parties de la classe ouvrière, par exemple pour la partie des jeunes générations d'ouvriers qui était sur le point d'entrer dans la branche d'industrie qui a périclité, il se présentera de nouveaux moyens d'occupation. Naturellement, c'est une grande satisfaction, n'est-ce pas, pour les ouvriers jetés à la rue. Messieurs les capitalistes ne manqueront pas de chair fraîche à exploiter, on laissera les morts enterrer leurs morts. Cela est bien plus une consolation que les bourgeois se donnent à eux-mêmes qu'aux ouvriers. Si toute la classe des salariés était anéantie par le machinisme, quelle chose effroyable pour le capital qui, sans travail salarié, cesse d'être du capital!

Mais supposons que les ouvriers chassés directement du travail par le machinisme et toute la partie de la nouvelle génération qui guettait leur place, trouvent une occupation nouvelle. Croit-on que celle-ci sera payée aussi cher que celle qu'ils ont perdue? Cela serait en contradiction avec toutes les lois économiques. Nous avons vu comment l'industrie moderne tend toujours à substituer à une occupation complexe, supérieure, une occupation plus simple, inférieure.

Comment une masse ouvrière jetée hors d'une branche industrielle par le machinisme pourrait-elle donc se réfugier dans une autre, si ce n'est en étant payée plus mal, à un prix plus bas?

On a cité comme une exception les ouvriers qui travaillent à la fabrication des machines elles-mêmes. Dès que l'industrie exige et consomme plus de machines, a-t-on dit, les machines devraient nécessairement augmenter en nombre et, par suite, la fabrication des machines, donc aussi le nombre des ouvriers occupés à la fabrication des machines et les ouvriers employés dans cette branche d'industrie seraient des ouvriers habiles, voire même qualifiés.

Depuis l'année 1840, cette affirmation qui, auparavant déjà, était seulement à moitié vraie, a perdu toute apparence de valeur puisque, de façon de plus en plus générale, les machines furent autant employées à fabriquer les machines qu'à produire le fil de coton, et que les ouvriers employés dans les fabriques de machines, face à des engins extrêmement perfectionnés, ne purent plus jouer que le rôle de machines tout à fait rudimentaires.

Mais à la place de l'homme chassé par la machine, la fabrique occupe peut-être trois enfants et une femme! Or, le salaire de l'homme ne devait-il pas être suffisant pour les trois enfants et la femme? Le minimum du salaire ne devait-il pas suffire à entretenir et augmenter la race? Que prouve donc cette façon de s'exprimer chère aux bourgeois? Rien d'autre que ceci: quatre fois plus d'existences ouvrières qu'autrefois se consument pour faire vivre une seule famille ouvrière.

Résumons-nous: Plus le capital producteur s'accroît, plus la division du travail et l'emploi du machinisme prennent de l'extension; plus la division du travail et l'emploi du machinisme prennent de l'extension, plus la concurrence gagne parmi les ouvriers et plus leur salaire se resserre.

Ajoutons encore que la classe ouvrière se recrute dans les couches supérieures de la société. Il s'y précipite une masse de petits industriels et de petits rentiers qui n'ont rien de plus pressé que de lever les bras à côté de ceux des ouvriers. C'est ainsi que la forêt des bras qui se lèvent pour demander du travail se fait de plus en plus épaisse et les bras eux-mêmes de plus en plus maigres.

Il est de toute évidence que le petit industriel ne peut pas résister dans une guerre dont une des conditions premières est de produire à une échelle toujours plus grande, c'est-à-dire d'être un gros et non point un petit industriel.

Que l'intérêt du capital diminue au fur et à mesure que la masse et le nombre des capitaux augmentent, que le capital s'accroît, que par conséquent le petit rentier ne peut plus vivre de sa rente, qu'il lui faut par conséquent se rejeter sur l'industrie, c'est-à-dire aider à grossir les rangs des petits industriels et de cette façon les candidats au prolétariat, tout cela n'a pas besoin de plus ample explication.

Au fur et à mesure, enfin, que les capitalistes sont contraints par le mouvement décrit plus haut d'exploiter à une échelle plus grande les moyens de production gigantesques déjà existants, et, dans ce but, de mettre en action tous les ressorts du crédit, les tremblements de terre industriels—au cours desquels le monde commercial ne se maintient qu'en sacrifiant aux dieux des Enfers une partie de la richesse, des produits et même des forces de production —deviennent plus nombreux, en un mot, les crises augmentent. Elles deviennent de plus en plus fréquentes et de plus en plus violentes déjà du fait que, au fur et à mesure que la masse des produits et, par conséquent, le besoin de marchés élargis s'accroissent, le marché mondial se rétrécit de plus en plus et qu'il reste de moins en moins de marchés à exploiter, car chaque crise antérieure a soumis au commerce mondial un marché non conquis jusque-là ou exploité de façon encore superficielle par le commerce. Mais le capital ne vit pas seulement du travail. Maître à la fois distingué et barbare, il entraîne dans sa tombe les cadavres de ses esclaves, des hécatombes entières d'ouvriers qui sombrent dans les crises.

Ainsi, nous voyons que lorsque le capital s'accroît rapidement, la concurrence entre les ouvriers s'accroît de manière infiniment plus rapide, c'est-à-dire que les moyens d'occupation, les moyens de subsistance pour la classe ouvrière diminuent proportionnellement d'autant plus et que, néanmoins, l'accroissement rapide du capital est la condition la plus favorable pour le travail salarié."